Natürlich gesunde Kraft aus Ur-Getreide

Inhalt

Korn aus alter Zeit   **6**

Uralte Kraftspender – neu entdeckt   **9**
Die Wiederentdeckung uralter Getreidesorten   11
Wertvolle Inhaltsstoffe von Amaranth bis Quinoa   21
Eine schmackhafte Alternative für Allergiker   38

Kochen und Backen mit dem Ur-Getreide   **43**
Grundrezept für Amaranth und Quinoa   45
Was man aus Amaranth-, Quinoa- und
Kamutkörnern alles machen kann   46
Was man beim Mahlen und Backen beachten muß   50
Tips zum Brotbacken, Backfehler   54

Die köstlichsten Rezepte   **57**
Frühstücksmüslis   58
Salate   60
Suppen und Eintöpfe   65
Bratlinge   69
Hauptgerichte   75
Desserts   92
Brote und Brötchen   100
Kuchen und Gebäck   106

Fertigprodukte   **119**
Adressen   126
Register   128

Korn aus alter Zeit

Noch vor ein paar Jahren wußte kaum jemand etwas von ihrer Existenz, doch inzwischen sind sie schon in fast allen Reformhäusern und Naturkostläden zu finden und erfreuen sich bei uns wachsender Beliebtheit: Amaranth, Quinoa und Kamut.

Inkas und Azteken führten ihre blühende Gesundheit nicht zuletzt auf diese beiden Getreidearten zurück, die deshalb bei ihnen als „heiliges Korn" galten.

Die drei uralten Getreidearten wurden schon vor vielen Jahrtausenden kultiviert (Amaranth und Quinoa bei den Inkas und Azteken, Kamut bei den alten Ägyptern), gerieten aber dann in Vergessenheit – sehr zu Unrecht, denn sie haben ein sehr apartes Aroma und sind in der Küche äußerst vielseitig einsetzbar. Zum Backen von Brot, Kuchen, Waffeln, Pfannkuchen und leckeren Keksen kann man sie ebenso verwenden wie zur Zubereitung von Frühstücksmüsli oder köstlichen Desserts. Man kann daraus interessante Beilagen, aber auch Suppen, Salate und Hauptspeisen zaubern – vom Risotto über knusprige Bratlinge mit verschiedenen würzigen Dips bis hin zu verführerischen Nudelgerichten.

Gleichzeitig tut man damit auch noch seiner Gesundheit etwas Gutes: Denn Amaranth und Quinoa – die eigentlich streng-

Noch bis vor kurzem kannte sie kaum jemand; inzwischen sind sie im wahrsten Sinne des Wortes in aller Munde: Amaranth (links), Quinoa (Mitte) und Kamut (rechts), der nahrhafte Ur-Weizen der alten Ägypter.

genommen gar keine Getreide sind, sondern Pseudo-Getreide oder Körnerfrüchte – sind nahrhafter und haben mehr wertvolle Inhaltsstoffe als unsere herkömmlichen Getreidearten. Ihr Eiweiß ist hochwertiger, und sie enthalten um ein vielfaches mehr Eisen, Calcium und Magnesium – wichtige Mineralstoffe, deren Bedarf wir mit unserer täglichen Nahrung nicht immer decken können.

Deshalb lassen sich mit einer Ernährung, die reich an Amaranth und Quinoa ist, viele gesundheitliche Beschwerden und Mangelerscheinungen bekämpfen, und man gewinnt ganz neue Kraft und Vitalität. (Die Inkas und Azteken führten ihre blühende Gesundheit nicht zuletzt auf diese beiden Getreidearten zurück, die deshalb bei ihnen als „heiliges Korn" galten.)

Quinoapflanze

Kamut – eine alte ägyptische Weizensorte – wurde jahrtausendelang auf den Äckern kleiner Bauern in Ägypten und Kleinasien angebaut und führte dort ein recht unbeachtetes Dasein, bis man in diesem Jahrhundert seinen hohen Nährwert entdeckte. Im Gegensatz zu unseren modernen Getreidearten wurde der Kamut züchterisch kaum verändert; außerdem wird er ausschließlich nach den Richtlinien des biologischen Landbaus kultiviert. Er ist viel aromatischer und auch von seinen Inhaltsstoffen her hochwertiger als unser moderner Weizen.

Noch ein weiterer Vorteil: Alle drei Getreidearten eignen sich gut für Allergiker bzw. Menschen, die keine glutenhaltigen Nahrungsmittel vertragen. Amaranth und Quinoa enthalten kein Gluten und können daher auch von Menschen, die an Zöliakie leiden, problemlos gegessen werden. Kamut ist – obwohl eine Weizensorte – für die meisten Weizenallergiker hervorragend verträglich. In diesem Buch erfahren Sie alles über die wertvollen Inhaltsstoffe und die gesundheitsfördernde Wirkung von Kamut, Amaranth und Quinoa. Außerdem erhalten Sie einen Überblick über die im Handel erhältlichen (zum Teil extra für Allergiker produzierten) Fertigprodukte und -gerichte mitsamt Bezugsadressen und lernen viele köstliche Rezepte (darunter auch einige glutenfreie) kennen.

Amaranth und Quinoa eignen sich für Zöliakie-Patienten; Kamut wird von Weizenallergikern gut vertragen.

Uralte Kraftspender – neu entdeckt

Als die spanischen Eroberer nach Südamerika kamen, staunten sie über die Vitalität der Inkas und Azteken. Bald entdeckten sie deren Erfolgsgeheimnis: Quinoa und Amaranth, zwei uralte Kulturpflanzen, die zu den Grundnahrungsmitteln der südamerikanischen Ureinwohner gehörten. Heute weiß man, daß die beiden Power-Getreide tatsächlich reicher an wichtigen Vitaminen, Mineralien und Spurenelementen sind und daß ihr Eiweiß hochwertiger ist als bei herkömmlichen Getreidearten. Das gleiche trifft auch auf Kamut zu, den Ur-Weizen der Ägypter.

Schon vor Jahrtausenden stellten Amaranth und Quinoa für die Inkas und Azteken wichtige Grundnahrungsmittel dar. Viele Tausende Hektar Land waren mit Feldern dieser Pflanzen bedeckt: Beide sind anspruchslos, gedeihen selbst in großen Höhenlagen und vertragen auch karge, steinige Böden. Außerdem gehören sie zu den besten Energielieferanten, die es gibt: Vitamine, Mineralstoffe, Stärke und hochwertiges Eiweiß sind in den kleinen Samenkörnern zusammengeballt.

Davon wußten die Ureinwohner Mittel- und Südamerikas damals natürlich noch nichts, aber die Wirkung dieses Power-Getreides spürten sie tagtäglich am eigenen

Aus dieser Zeichnung aus dem Codex des spanischen Vizekönigs Mendoza geht die große Bedeutung des Amaranths im Aztekenreich hervor: Montezuma II. forderte von den Provinzen seines Reiches rund 6000 Tonnen Amaranth pro Jahr als Abgabe (siehe die beiden mit Amaranthkörnern und Mais gefüllten Holztruhen unten im Bild). Dazu waren mindestens 4000 Hektar Anbaufläche erforderlich.

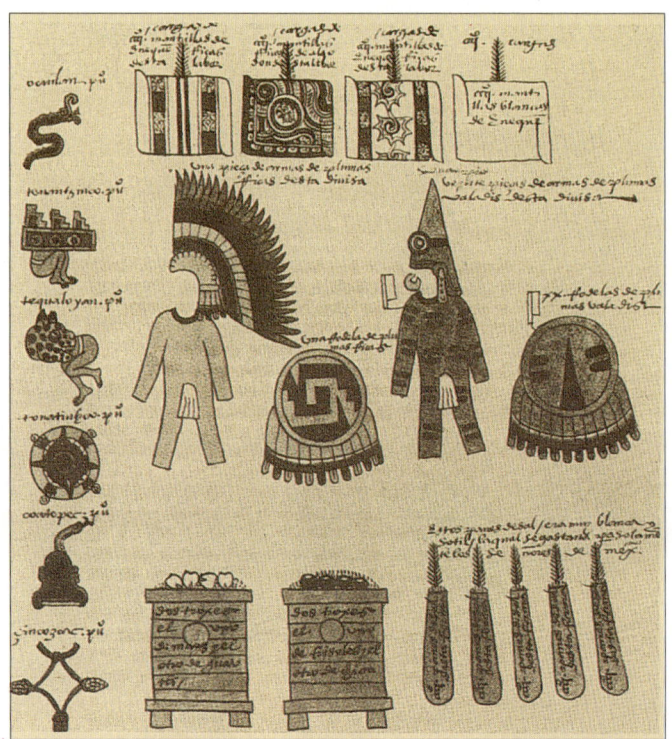

Leib. Die meisten Infektionen gingen spurlos an ihnen vorüber, von Verletzungen und Krankheiten erholten sie sich rasch wieder, und sie hatten eine Kondition, von der wir heute nur noch träumen können: In Höhenlagen von mehreren tausend Metern erbauten die Inkas mächtige Steinmauern und Altäre; die dünne Hochgebirgsluft schien ihnen nichts auszumachen. Ihre Boten – heute würde man sie Briefträger nennen – liefen kreuz und quer durch das ganze Inkareich (das immerhin rund 900 000 km² groß war), um Nachrichten zu überbringen, überwanden dabei hohe Gebirgszüge mit zum Teil fast senkrechten Abhängen und mußten klimatische Extreme aushalten, die von tropischer, feuchtwarmer Hitze bis hin zu polarer Kälte reichten. Kein Wunder, daß die spanischen Eroberer angesichts dieser Vitalität vor Neid erblaßten!

Junge Quinoapflanzen

Die Inkas und Azteken führten ihre unverwüstliche Gesundheit und ihre Super-Kondition auf den Verzehr von Amaranth und Quinoa zurück. Das ging so weit, daß sie diesen Körnern sogar magische Kräfte zuschrieben und sie als etwas Heiliges betrachteten. In ihren religiösen Zeremonien spielte das energiespendende Getreide eine wichtige Rolle.

Die Inkas und Azteken hielten die Amaranth- und Quinoakörner für himmlische Gaben, die ein heiliger Vogel ihnen überbracht hatte.

Die Wiederentdeckung uralter Getreidearten – spannend wie ein Roman

Nach der Eroberung des Inka- und Aztekenreiches durch die Spanier gerieten Amaranth und Quinoa für lange Zeit in Vergessenheit. Da die spanischen Eroberer ihren Anbau verboten, führten sie – nur noch heimlich auf versteckten Feldern in abgelegenen Gebirgsregionen

Junge Kamutpflanzen

angebaut – ein Schattendasein. Erst seit einigen Jahren werden diese Getreidearten bei uns im Zuge des wachsenden Interesses an natürlichen, unverfälschten, hochwertigen Nahrungsmitteln allmählich wiederentdeckt und hauptsächlich in Reformhäusern, Naturkostgeschäften und Dritte-Welt-Läden angeboten.

Wenn man es ganz genau nimmt, müßte man den Begriff „Getreide" eigentlich in Anführungszeichen setzen, denn im Grunde genommen handelt es sich bei Amaranth und Quinoa – genau wie beim Buchweizen – gar nicht um Getreidearten, sondern um getreideähnliche Pflanzen, Körnerfrüchte oder Pseudo-Getreide. Im Gegensatz zu den „richtigen" Getreiden sind sie nämlich keine Gräser, sondern zweikeimblättrige Pflanzen. Aber da sie ebenso wie Getreidepflanzen zahlreiche nahrhafte Körner hervorbringen, werden sie in der Küche ähnlich wie Getreide genutzt.

Amaranth – das Wunderkorn der Inkas

Mais, Bohnen und Amaranth waren bei den Inkas in Peru und den Azteken in Mexiko die wichtigsten Nahrungsmittel.

Bei den Azteken hieß der Amaranth „guautli", und man schrieb ihm eine lebensverlängernde Wirkung und große heilende Kräfte gegen die verschiedensten Krankheiten zu. Amaranth gab schwangeren Frauen Kraft, sorgte bei Kindern und Jugendlichen für ein gesundes Wachstum und verzögerte den Alterungsprozeß. Deshalb gab es auch kaum eine religiöse Zeremonie, bei der das heilige Wunderkorn nicht dabei war.

Höhlenfunde in Mexiko belegen, daß der Amaranth zu den ältesten Pflanzen gehört, die vom Menschen kultiviert werden.

All das gefiel den spanischen Eroberern gar nicht. Deshalb verboten sie den Anbau von Amaranth; Zuwiderhandlungen wurden mit der Todesstrafe geahndet. Wahrscheinlich hatte das erbarmungslose Vorgehen der Spanier gegen eine der wichtigsten Lebensgrundlagen der Indianer mehrere Gründe: Zum einen empfanden sie die religiösen Rituale rund um den Amaranth als gotteslästerlich. Bei manchen Zeremonien vermischten die Azteken Amaranthmehl mit Honig und rotem Farbstoff aus den Blüten des Amaranth oder auch mit Blut. Daraus formten sie dann Tier- und Götterfiguren und aßen sie. Auch bei rituellen Menschenopfern spielte der Amaranth eine Rolle.

An manchen Festtagen waren bei den Azteken keine anderen Nahrungsmittel erlaubt als Mais und das heilige Korn Amaranth. Aber das genügte auch, denn es gibt kaum etwas Nahrhafteres als diese Kombination!

Andererseits wollten die Spanier dem unterjochten Indianervolk durch das Verbot wahrscheinlich aber auch ihr Selbstbewußtsein und ihre Lebenskraft rauben. Was ihnen allerdings nicht vollständig gelang: Denn manche besonders beherzte Indianer widersetzten sich dem Verbot und bauten den Amaranth heimlich auf kleinen Äckern im Hochgebirge an. Diese Kraftnahrung gab ihnen die Energie und den Lebensmut, sich in immer wieder neuen Aufständen gegen die spanischen Kolonialherren zu erheben.

Blühende Amaranth-pflanze

Aber auf lange Sicht hatte der Amaranth gegen die Übermacht der Spanier keine Chance. Über 500 Jahre lang führte er gewissermaßen ein Dasein im Untergrund – bis er vor rund zwei Jahrzehnten wieder aus seinem Dornröschenschlaf erweckt wurde. Zuerst entdeckten Archäologen die kleinen Körner als Grabbeigaben in den Coxcatlán-Höhlen in der Nähe von Veracruz. Hätten die Forscher diese Samen in die Erde gelegt, so hätten sie allerdings trotz der magischen Kraft und Vitalität, die ihnen angeblich innewohnte, wohl kaum mehr gekeimt, denn sie waren mehrere tausend Jahre alt: Auf die Zeit um 6700–5000 v. Chr. datierten die Archäologen den Fund.

Inzwischen wird der Amaranth wegen seines außergewöhnlich hohen Nährstoffgehalts und seiner wertvollen Inhaltsstoffe auch in den USA und Europa angebaut.

In den siebziger Jahren untersuchte ein australischer Wissenschaftler die Amaranthkörner auf ihren Nährwert und hätte vor Begeisterung beinahe laut aufgeschrien: Er entdeckte nämlich, daß dieses unscheinbare kleine Korn außergewöhnlich viel Lysin enthält, mehr als alle herkömmlichen Getreidearten. Lysin ist ein Eiweißbaustein, den der menschliche Organismus sich unbedingt durch die Nahrung zuführen muß, weil er ihn nicht selber bilden kann. Und genau hier liegt die Schwachstelle der meisten Getreidearten: Sie enthalten nicht genügend Lysin, und deshalb ist ihr Eiweiß nicht so hochwertig. Mit dem Amaranth schien die Lösung dieses Problems gefunden zu sein.

Als nächstes nahm der peruanische Biologe und Universitätsprofessor Luis Sumar Kalinowski sich der geheimnisvollen Körnerfrucht an. Indios in abgelegenen Gebirgsdörfern in der Nähe der Andenstadt Cuzco hatten ihm von der kraftspendenden und heilenden Wirkung der Körner vorgeschwärmt. Ein wahres Lebenselixier, so erzählten sie, sei dieses Getreide; das hätten ihre Vorfahren schon seit Jahrtausenden gewußt. Daraufhin förderte Kalinowski den Anbau des Korns, und man begann gezielt bestimmte besonders ertragreiche Sorten zu züchten.

Amaranthkörner

Und noch jemand anders wurde in den siebziger Jahren in Sachen Amaranth aktiv: der amerikanische Ernährungswissenschaftler John Robson, der lange Zeit in Entwicklungsländern gearbeitet hatte und der Meinung war, daß es sich lohnen würde, alte, fast vergessene Kulturpflanzen dieser Regionen auf ihren Nährwert hin zu untersuchen. Sein Brief an eine Organisation amerikanischer Bio-Farmer, die ein eigenes Forschungsinstitut unterhielt, stieß auf ein begeistertes Echo. Bald wurden in dem Institut die verschiedensten alten Pflanzenarten getestet. Eine der Pflanzen, die diese Prüfung mit Bravour bestand, war der Amaranth. Hinsichtlich seines Gehalts an hochwertigem Eiweiß, Vitaminen, Mineralstoffen und Spurenelementen stellte er alle herkömmlichen Getreidearten mühelos in den Schatten, und auch sein Aroma, das man in der Testküche des Instituts einer eingehenden Prüfung unterzog, überzeugte alle. Offensichtlich lohnte es sich also, diese Pflanze in den USA zu kultivieren. Aufgrund dieser positiven Ergebnisse wurde Anfang der achtziger Jahre endlich mit dem kommerziellen Anbau des Getreides in Colorado begonnen.

Auch auf deutschen Äckern hat das exotische Korn mittlerweile Einzug gehalten. Es war nicht ganz leicht, Amaranth-Sorten zu finden, die in unseren Breiten überhaupt gedeihen. Doch die Fachhochschule Weihenstephan im fränkischen Triesdorf leistete Pionierarbeit und experimentierte mit verschiedenen Sorten, bis die richtige gefunden war. Mittlerweile wird in Deutschland und auch in Österreich Amaranth angebaut.

Es ist nicht ganz leicht, einen Exoten wie den Amaranth in unseren Gefilden anzubauen. Die meisten Amaranth-arten bilden im Sommer nämlich nur dann Blüten, wenn der Tag eine bestimmte Anzahl von Stunden nicht überschreitet. Diese Voraussetzung ist in der Nähe des Äquators am ehesten erfüllt.

Quinoa – Kraftquelle der Indios

In den traditionellen Anbauländern – Mexiko, Südamerika, China, Indien und Afrika – werden auch die Blätter des Amaranths als Gemüse (ähnlich wie Spinat) gegessen. Sie haben einen hohen Gehalt an Eisen und Vitamin C.

Ausgrabungen zufolge haben die Menschen in der Gegend um den Titicacasee schon vor ungefähr 3000–5000 Jahren begonnen, die Quinoa, die in dieser Region wild wuchs, zu kultivieren und (neben Mais und Kartoffeln) zu einem ihrer Grundnahrungsmittel zu machen. Ähnlich wie dem Amaranth schrieben die Inkas dieser Pflanze religiöse Bedeutung zu und verehrten sie fast wie einen Gott. Bei den Sonnenanbetungsfeiern brachten sie dem Sonnengott Quinoakörner in goldenen Gefäßen als Opfer dar; und eine Legende berichtet, daß der Herrscher der Inkas jedes Jahr mit einem goldenen Spaten den ersten Quinoasamen in der Erde versenkte.

Doch als dann die Spanier das Inkareich eroberten, erging es diesem heiligen Korn auch nicht viel besser als dem Amaranth: Es mußte anderen Getreidearten – Weizen, Gerste, Hafer – weichen, die die spanischen Eroberer in Südamerika einführten. Daß sie damals nicht völlig ausstarb, hat die Quinoa wahrscheinlich nur ihrer An-

Nach dem Dreschen werden die Quinoa-körner von groben Pflanzenteilen durch ein Sieb gereinigt.

Schon seit Jahrtausenden wird die nahrhafte, anspruchslose Quinoa in Südamerika angebaut.

Diese mühevolle Arbeit des Handdreschens erleichtern sich viele Bauern, indem sie einen Lkw über die ausgebreiteten Garben fahren lassen und die Körner einsammeln.

In Steingefäßen werden die gerösteten Körner gestampft.

spruchslosigkeit zu verdanken: Sie gedieh selbst auf steilsten Hängen in Höhenlagen bis zu 4500 m. Karger Boden und rauhes Wetter, ja sogar Frost oder auch längere Trockenperioden machten ihr nichts aus. Auf solchen für andere Pflanzen ungeeigneten Flächen durfte sie nach wie vor angebaut werden. In einem spanischen Reisetagebuch aus dem Jahr 1758 heißt es, Quinoa sei so ähnlich wie Reis und habe „einen sehr angenehmen Geschmack".

In anderen historischen Quellen wird berichtet, daß die südamerikanischen Indianer mit dem Korn Erkrankungen der Leber und Harnwege, Tuberkulose, Cholera und Blinddarmentzündung, ja sogar Krebs behandelten. Sie führten ihre Robustheit und Vitalität nicht nur auf den Genuß von Amaranth, sondern auch auf die kraftspendende Wirkung der Quinoa zurück.

Auch heute noch wird die Quinoa in Peru, Bolivien, Ecuador, Argentinien und Chile angebaut und ist in Höhenlagen, wo andere Nutzpflanzen wie Mais nicht mehr gedeihen, nach wie vor ein wichtiges Grundnahrungsmittel. Allerdings geht ihre Produktion immer

Quinoakörner

Das Trocknen der Quinoa

mehr zurück – zum einen wegen der von den Spaniern eingeführten europäischen Getreidearten, die höhere Ernteerträge bringen und mit denen die Quinoa daher nicht konkurrieren kann; zum anderen aber auch, weil sie in Südamerika bei der Mittel- und Oberschicht als „Arme-Leute-Essen" gilt.

Dafür wird sie mittlerweile auch in den USA und in Europa angebaut, und dort erfreut sie sich – ganz anders als in Südamerika – als hochwertiges, unverfälschtes Getreide eines ausgezeichneten Rufs und ist immer mehr „im Kommen".

Kamut: das Korn, das aus der Pyramide kam

Kamutkörner sind größer als die der anderen beiden Getreidearten

Nach dem Zweiten Weltkrieg kehrte ein Pilot der amerikanischen Air Force mit einem seltsamen Fund in der Tasche in seine Heimat zurück: einer Handvoll Körner, die – so erzählte er jedenfalls – aus einer Steinkiste in einer ägyptischen Grabstätte in der Nähe von Dashar stammten. Da er nicht wußte, was er mit dem Getreide anfangen sollte, schenkte er einige Körner davon dem Sohn eines Farmers in Montana, der sie an seinen Vater schickte.

Den Farmer machten diese riesigen Körner (sie sahen so ähnlich aus wie Weizen, waren aber viel größer) offenbar neugierig. Mal sehen, was da rauskommt, dachte er, säte sie sogleich aus und erntete tatsächlich eine kleine Menge Getreide, das er dann auf einem Landwirtschaftsfest in Montana seinen staunenden Kollegen vorführte. Doch bald geriet das merkwürdige Riesenkorn wieder in Vergessenheit.

Erst viele Jahre später – 1977 – förderten zwei Bauern, Mack Quinn und sein Sohn Bob, es wieder aus der Ver-

*Auf diesem Feld wird
Kamut – der nahrhafte
Ur-Weizen der Ägypter –
angebaut.*

Kamut ist hochwertiger und nahrhafter als unsere herkömmlichen Weizenarten.

senkung zutage. Die beiden entdeckten zufällig irgendwo ein übriggebliebenes Musterglas des geheimnisvollen Getreides, hörten die merkwürdige Geschichte seiner Entdeckung und meinten, daß sich daraus etwas machen lassen müßte. Bob Quinn hatte Agrarwissenschaften studiert und war experimentierfreudig: Gemeinsam mit seinem Vater vermehrte er das Getreide und begann nach seiner Herkunft zu forschen. Schließlich fand er heraus, daß es sich bei dem Korn um eine uralte Weizenart handelte, die vermutlich aus der Ebene zwischen Ägypten und dem Euphrat-Tigris-Tal – einem sehr fruchtbaren Land – stammte. Daraufhin tauften die Quinns es „Kamut" (das ist ein altes ägyptisches Wort für Weizen).

Ob diese Geschichte, die sich fast wie ein modernes Märchen liest, tatsächlich stimmt, weiß niemand; vermutlich ist sie wohl doch eher Erfindung als Realität. Wissenschaftler vermuten eher, daß dieser Ur-Weizen seit der Zeit der alten Ägypter auf den Äckern kleiner Bauern in Ägypten und Kleinasien weiterhin angebaut worden war und dort ein relativ unbeachtetes Dasein gefristet hatte, bis die Quinns seine Qualitäten entdeckten und ihn systematisch zu kultivieren begannen.

Kamut ist ein eingetragenes Markenzeichen der Kamut Enterprises of Europe (Europäischer Kamut Verband, KAE) in Belgien, Kerkplein 5, 9667 Horebeke, Belgien (Tel. +32-55-45 67 34, Fax +32-55-45 67 41). Der Verband fördert die Nutzung und Verbreitung dieses Ur-Weizens und den biologischen Anbau. Dort erhält man auch Informationen über Kamut.

Auch über die genaue Artenzugehörigkeit des Kamut ist man sich nicht im klaren. Nur daß es sich um eine Weizenart handelt, ist unbestritten – und zwar um eine, die unseren herkömmlichen Weizen in der Qualität weit übertrifft. Seit 1990 ist er vom Landwirtschaftsministerium der USA als neue Weizenart anerkannt und wird mittlerweile in vielen Regionen Nordamerikas angebaut. In letzter Zeit setzt er sich auch bei uns immer mehr durch und wird inzwischen schon in zahlreichen Naturkostläden und Reformhäusern angeboten; angebaut wird er in Europa bisher jedoch leider noch nicht.

Wertvolle Inhaltsstoffe von Amaranth bis Quinoa

Verglichen mit den meisten anderen Getreidearten ist der Amaranth ein wahrer Riese: Bis zu 2 m wird er hoch und bringt Blütenähren von einer Länge bis zu 90 cm hervor. Die gelblichen kleinen Körner erinnern an Senfkörner, sind aber wesentlich kleiner: Man muß schon rund 1500 dieser Winzlinge in die Waagschale werfen, damit der Zeiger auf 1 Gramm hochschnellt.

Nicht nur eine nahrhafte Körnerfrucht, sondern bei uns wegen seiner prächtigen, leuchtendroten Blütenrispen auch als Gartenpflanze beliebt: der Gartenfuchsschwanz (Amaranthus caudatus).

Amaranth gehört zur Familie der Fuchsschwanzgewächse (Amaranthaceae). Als Getreide werden hauptsächlich drei Arten – *Amaranthus cruentus, Amaranthus hypochondriacus* und *Amaranthus caudatus* – genutzt. Letzterer war bei uns schon eine beliebte Gartenpflanze, als man von den nahrhaften Körnern dieses vielseitigen Gewächses in unseren Breiten noch nichts ahnte: Als Gartenfuchsschwanz oder Echter Fuchsschwanz bringt er mit seinen leuchtendroten, langen Blütenähren jedes Jahr von Juli bis Oktober Farbe in unsere Gärten.

Der Kaloriengehalt der Amaranthkörner ist ungefähr ebenso hoch wie bei herkömmlichen Getreidearten wie beispielsweise Weizen, Reis oder Hafer. Aber in den unscheinbaren, winzig kleinen Körnern steckt eine geballte Kraft, mit der sich keines dieser Getreide messen kann: Der Amaranth hat nämlich einen wesentlich höheren Gehalt an vielen wichtigen Mineralien und Spurenelementen, und er enthält außerdem auch mehr **Eiweiß**. 14 bis 16 g Protein sind in 100 g Amaranthkörnern enthalten; nur etwas über 13 g Eiweiß nimmt man zu sich, wenn man die gleiche Menge Weizen ißt, und 100 g Reis haben gar nur 7,6 g dieses wichtigen Nahrungsbestandteils zu bieten.

Eiweiß (Protein) ist ein Grundbaustein unseres Körpergewebes und damit einer unserer wichtigsten Nahrungsbestandteile. Es besteht aus 20 verschiedenen Aminosäuren, von denen der Körper nur elf selber herstellen kann. Die anderen neun muß er sich mit der Nahrung zuführen; das sind die sog. „essentiellen" Aminosäuren.

Außerdem ist das Amaranth-Eiweiß hochwertiger als bei herkömmlichen Getreiden. Proteine bestehen aus rund 20 verschiedenen Grundbausteinen, den Aminosäuren; diese sind in unseren Nahrungsmitteln in unterschiedlich hohen Anteilen enthalten. Nur elf dieser Aminosäuren kann unser Körper selbst herstellen; die anderen neun muß er sich mit der Nahrung zuführen. (Sie werden deshalb auch als „essentielle Aminosäuren" bezeichnet.)

Wie hochwertig das Eiweiß eines bestimmten Nahrungsmittels ist, hängt also davon ab, inwieweit es die essentiellen Aminosäuren in einer für unseren Körper ausreichenden Menge enthält. Sonst kann unser Organismus das Eiweiß nicht optimal verwerten.

Ein kleiner Trost gleich vorab: Kaum ein Nahrungsmittel enthält alle essentiellen Aminosäuren in ausreichend hoher Menge. Nur das Hühnereiweiß schafft es, den hohen Protein-Anforderungen unseres Körpers gerecht zu werden: Deshalb haben die Ernährungswissenschaftler ihm eine biologische Wertigkeit von 100 % zugesprochen; das heißt, es kann hundertprozentig vom menschlichen Körper verwertet werden.

Wenn in einem Nahrungsmittel der Anteil einer oder mehrerer essentieller Aminosäuren nicht hoch genug ist, so wird sein Protein, was die biologische Wertigkeit anbetrifft, dementsprechend niedriger eingestuft. Rindfleisch-Eiweiß bringt es beispielsweise nur noch auf 83 %, Kuhmilch-Eiweiß auf 78 %, Fisch-Eiweiß auf 70 %. Und von da an geht es allmählich immer weiter bergab, denn die meisten pflanzlichen Eiweiße sind biologisch nicht so hochwertig wie die tierischen: Kartoffel-Eiweiß hat eine biologische Wertigkeit von nur 59 %, beim Weizenmehl sind es gar nur noch 57 % und beim Mais 42 %.

Von Wertigkeitsstufe 70 abwärts wird es allmählich etwas kritisch, denn eine Wertigkeit von weniger als 70 gilt als für die menschliche Ernährung nicht ausreichend. Deshalb kann nur eine Kombination verschiedenster Nahrungsmittel mit unterschiedlicher Aminosäuren-Zusammensetzung garantieren, daß unser Körper auch wirklich alles bekommt, was er braucht.

Aber nun kommt die gute Nachricht: Das Amaranth-Eiweiß hat eine biologische Wertigkeit von rund 75 % und liegt damit weit über den herkömmlichen Getreidearten; es reicht sogar fast ans Kuhmilch-Eiweiß heran.

Der Grund dafür: Eine essentielle Aminosäure – das Lysin – kommt in den meisten Getreidearten nur in relativ geringer Menge vor; deshalb ist das Getreide-Eiweiß normalerweise nicht so hochwertig. Der Amaranth stellt in dieser Hinsicht aber eine rühmliche Ausnahme dar: Er enthält relativ viel Lysin (fast doppelt soviel wie Weizen).

Das Lysin ist auch schon allein deshalb wichtig für uns, weil es eine Supernahrung fürs Gehirn darstellt: Die

Je weniger hochwertig ein Eiweiß ist, um so größere Eiweißmengen (aus verschiedenen Nahrungsmitteln) müssen wir zu uns nehmen, um unserem Körper alle lebensnotwendigen Aminosäuren zuzuführen.

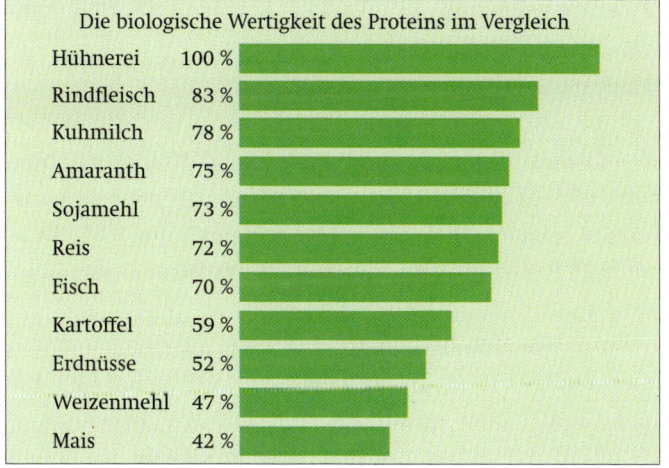

Die biologische Wertigkeit des Proteins im Vergleich

Hühnerei	100 %
Rindfleisch	83 %
Kuhmilch	78 %
Amaranth	75 %
Sojamehl	73 %
Reis	72 %
Fisch	70 %
Kartoffel	59 %
Erdnüsse	52 %
Weizenmehl	47 %
Mais	42 %

Amaranth liegt, was die biologische Wertigkeit seines Eiweißes anbelangt, mit 75 % weit über den meisten herkömmlichen Getreidearten und nur knapp unter der Kuhmilch.

britische Entwicklungshelferin Ann Goulden verordnete unterernährten peruanischen Kindern, deren Gehirn durch Eiweißmangel in den ersten Lebensmonaten bereits geschädigt war, eine Amaranthdiät; und die Kinder konnten damit tatsächlich geheilt werden. Diesen erstaunlichen Erfolg führt man vor allem auf den hohen Lysin- und Lecithin-Gehalt des Amaranths zurück – zwei Substanzen, die wichtig für die Entwicklung des Gehirns sind. Schon aus diesem Grund sollte Amaranth bei der Kinderernährung nicht fehlen.

Die richtige Mischung macht's

Und noch eine weitere essentielle Aminosäure, die bei Getreidearten normalerweise „Mangelware" ist, enthält der Amaranth in sehr hoher Menge: das Methionin.

Dafür hat er nur mit einem geringen Anteil an Leucin (einer weiteren essentiellen Aminosäure) aufzuwarten; aber das macht nichts, denn die meisten anderen Getreidearten enthalten dafür einen Überschuß an Leucin. Daraus ergibt sich als logische Konsequenz, daß man durch eine Kombination von Amaranth mit anderen Getreidearten wie beispielsweise Weizen oder Mais eine biologische Eiweißwertigkeit erreichen kann, die fast an die idealen 100 % herankommt. Das Protein von Backwaren aus Weißmehl kann man beispielsweise stark aufwerten, indem man dem Mehl etwas Amaranthmehl beifügt; auch auf den Geschmack wirkt sich das sehr positiv aus.

Das herkömmliche Weißmehl kann durch die Beigabe von Amaranthmehl sehr aufgewertet werden.

Auch was den Fettgehalt anbelangt, ist der Amaranth unschlagbar. 100 g Amaranthkörner enthalten 7,5 bis 10,2 g **Fett** – aber „gesundes" Fett: Die wertvollen ungesättigten Fettsäuren (die vor Arteriosklerose schützen,

Ernährungsphysiologische Werte von Amaranth

	Amaranth	Weizen	Mais
Kalorien	370	333	368
Eiweiß (g)	14,0–16,0	13,2	10,0
Fett (g)	7,5–10,2	2,7	5,2
Kohlenhydrate (g)	51,5–65,8	65,7	72,8

Was den Nährwert anbelangt, liegt der Amaranth im Vergleich zu anderen Getreidearten eindeutig an der Spitze. (Die Angaben beziehen sich jeweils auf eine Menge von 100 g.)

während die hauptsächlich in tierischer Nahrung vorkommenden gesättigten Fettsäuren das Herzinfarkt- und Schlaganfall-Risiko erhöhen), machen ganze $^2/_3$ des Amaranthfettes aus. Amaranth hat einen sehr hohen Anteil an ungesättigten Fettsäuren: rund 24 % gesättigte Fettsäuren, 19,4 % einfach ungesättigte Fettsäuren (Ölsäure) und 52,7 % mehrfach ungesättigte Fettsäuren (Linolsäure und Linolensäure). Auch Menschen mit zu hohem Cholesterinspiegel dürfen hier also ruhig zugreifen.

Was den **Kohlenhydrat**gehalt angeht, liegt der Amaranth etwas niedriger als die herkömmlichen Getreidearten; und die Amaranth-Kohlenhydrate sind auch besonders leicht verdaulich, da sie aus außergewöhnlich kleinen Stärkekörnern bestehen.

An Vitaminen enthält Amaranth **Vitamin E** (zehn- bis zwanzigmal soviel wie Weizen!) und **Vitamine des B-Komplexes**, ja sogar **Vitamin C** (3 mg pro 100 g), das in anderen Getreiden nicht vorkommt.

Wichtig zur Deckung des Mineralstoffbedarfs

Ein wahres Power-Korn ist der Amaranth jedoch im Hinblick auf seinen Gehalt an Mineralien und Spurenelementen, vor allem Eisen, Calcium und Magnesium: In dieser Hinsicht ist er den üblichen Getreidearten wirklich haushoch überlegen. Deshalb sollten wir ihn schon zur Deckung unseres Mineralstoffbedarfs in unseren Speiseplan einbeziehen.

Amaranth enthält ungefähr viermal soviel **Eisen** wie Weizen und dreimal soviel wie Hafer. Bereits mit 100 g Amaranth (die 10–15 mg Eisen enthalten) kann man in etwa seinen Tagesbedarf an Eisen, der zwischen 12 und 18 mg liegt, decken. Das ist wichtig, denn Eisenmangel ist bei uns weit verbreitet. Vor allem Frauen, Schwangere und stillende Mütter, Jugendliche im Wachstumsalter und Leistungssportler sind gefährdet, weil bei ihnen ein erhöhter Eisenbedarf besteht, der nicht immer durch die tägliche Nahrung gedeckt wird. Auch Vegetarier nehmen häufig zuwenig Eisen auf.

Bei schwangeren Frauen gefährdet Eisenmangel auch die Gesundheit des ungeborenen Kindes: Das Risiko einer Frühgeburt steigt; außerdem haben solche Kinder bei der Geburt häufig Untergewicht.

Die Folgen eines Mangels an diesem lebenswichtigen Spurenelement sind gravierend: Denn Eisen ist Bestandteil des roten Blutfarbstoffs (Hämoglobin), der den Sauerstoff aus unseren Lungen in sämtliche Zellen unseres Körpers transportiert. Bei Eisenmangel ist also die Sauerstoffversorgung unserer Zellen nicht mehr gewährleistet: Man ist blaß, ständig müde und abgeschlagen und kaum noch belastbar; die Abwehrkraft gegen Infektionen sinkt. Im fortgeschrittenen Stadium kommt es zur Blutarmut (Eisenmangel-Anämie).

Mit einer Nahrung, die reich an Nüssen, Hülsenfrüchten, Haferflocken, Amaranth und grünem Gemüse ist und auch etwas Fleisch enthält, kann man einem Eisenmangel vorbeugen.

Eisenmangel (der bei uns leider ziemlich häufig vorkommt) läßt sich durch eine Blutuntersuchung leicht feststellen.

Auch wegen seines hohen **Calcium**anteils sollte man regelmäßig Amaranth essen. 100 g Amaranth enthalten rund 250 mg Calcium; das ist um ein vielfaches mehr als bei Weizen, Roggen, Hafer, Mais oder Reis.

Calcium ist ein wichtiger Baustein unserer Knochen und Zähne; deshalb müssen gerade ältere Menschen und Frauen nach den Wechseljahren (die ein erhöhtes Osteoporose-Risiko haben) auf eine ausreichende Calciumaufnahme achten. Kinder brauchen Calcium für den Knochenaufbau. Ähnlich wie Eisenmangel kommt auch Calciummangel in unseren Breiten ziemlich häufig vor. Um ihn zu vermeiden und einer Osteoporose vorzubeugen, sollten wir viel Milch und Milchprodukte, Gemüse, Nüsse und Sesamsamen – und natürlich Amaranth – zu uns nehmen. 100 g Amaranth decken bereits rund ein Drittel unseres täglichen Calciumbedarfs, der bei Jugendlichen und Erwachsenen zwischen 800 und 900 mg, bei Schwangeren und Stillenden rund 1200 mg und bei Frauen nach den Wechseljahren 1500 mg beträgt.

Auch Milch und Milchprodukte enthalten viel Calcium. Ein Frühstücksmüsli mit gepoppten Amaranthkörnern, Amaranthflocken oder -sprossen ist daher eine Wohltat für die Knochen und die ideale Vorbeugung gegen Osteoporose!

Am erstaunlichsten ist jedoch der hohe **Magnesium**gehalt des Amaranths: In 100 g des nahrhaften kleinen Korns sind 330 mg Magnesium enthalten; das entspricht in etwa der empfohlenen Tagesmenge, die wir mit der Nahrung aufnehmen sollten. Magnesium benötigt unser Körper genauso dringend wie Eisen, denn dieses Mineral spielt bei fast allen Energiestoffwechsel-Vorgängen eine wichtige Rolle. Außerdem verbessert es die Herzleistung, senkt die Blutfettwerte und hemmt die Gerinnungsneigung des Blutes, schützt also vor Herzinfarkt und Schlaganfall.

Gerade in unserer hektischen Zeit, in der Streß an der Tagesordnung ist, sollten wir auf eine ausreichende Magnesiumzufuhr achten, denn dieses Mineral dämpft Nervosität und Aggressivität und läßt uns Lärmbelastung besser ertragen. Menschen, die unter Streß (vor allem lärmbedingtem Streß) stehen, haben einen erhöhten Magnesiumbedarf.

Bei nervösen und aggressiven Kindern liegt häufig ein Magnesiummangel vor.

Laut Empfehlungen der Deutschen Gesellschaft für Ernährung (DGE) beträgt unser Tagesbedarf an Magnesium 300–350 mg. Schwangere sollten mindestens 400 mg, Stillende 450 mg aufnehmen.

Vermutlich leiden die meisten Menschen in den westlichen Industrienationen unter einem leichten oder auch ausgeprägteren Magnesiummangel, denn es ist leider gar nicht so einfach, dem Körper mit unserer gewohnten Mischkost genügend Magnesium zuzuführen. Verschiedene Studien, in denen Ernährungsprotokolle und Nahrungsmittelproben der Testpersonen ausgewertet wurden, haben ergeben, daß die Magnesiumzufuhr bei den meisten Menschen nicht der von der Deutschen Gesellschaft für Ernährung (DGE) empfohlenen Mindestmenge entspricht.

Wahrscheinlich gibt es gleich mehrere Gründe für den chronischen Magnesiummangel, der in unseren Breiten herrscht: Durch die intensive landwirtschaftliche Nutzung und den sauren Regen verlieren unsere Böden Magnesium; dadurch sind natürlich auch die angebauten Pflanzen magnesiumarm, und das Vieh nimmt mit dem Futter ebenfalls nicht mehr genug von dem Mineral auf. Der Mensch, der am Ende der Nahrungskette steht, bekommt diese Magnesiumverluste besonders deutlich zu spüren.

Hinzu kommt bei vielen Menschen eine falsche Ernährung; auch bestimmte Medikamente (z. B. Diuretika) oder Erkrankungen (z. B. Diabetes) führen zu einer verminderten Magnesiumaufnahme.

Nächtliche Wadenkrämpfe sind ein typisches Anzeichen für Magnesiummangel.

Magnesiummangel äußert sich oft in Verkrampfungen aller Art (Muskel- und Nackenkrämpfen, Verspannungen oder Schmerzen im Hinterkopf; eines der typischsten Symptome sind Wadenkrämpfe – vor allem nachts); aber auch Kribbeln und Taubheitsgefühl in Händen und Gesicht, Schmerzen oder ein Engegefühl in der Herzgegend sowie Herzrhythmusstörungen können auftreten.

Eisen-, Calcium- und Magnesiumgehalt

	Amaranth	Weizen	Hafer	Hirse	Reis (natur)	Mais
Eisen (mg)	15	3,3	5,8	9,0	2,6	1,5
Calcium (mg)	250	38	80	20	23	15
Magnesium (mg)	330	128	129	170	157	120

Amaranthbrot hilft Sportlern und Pollenallergikern

In den neunziger Jahren wurde eine Untersuchung durchgeführt, die ergab, daß Magnesium sogar Heuschnupfen-Patienten helfen kann: Es zeigte sich, daß die meisten Menschen, die Heuschnupfen haben, an Magnesiummangel leiden. Durch eine magnesiumreiche Ernährung ließen sich die lästigen Schnupfenbeschwerden lindern. Daraufhin kam die Firma Schnitzer auf die Idee, ein Brot mit überdurchschnittlich hohem Magnesiumgehalt zu entwickeln, dessen Magnesium vom Körper auch gut verwertet werden kann.

Das war harte Arbeit, aber es lohnte sich. Zunächst wurden in der Schnitzer-Versuchsbäckerei Brote aus den verschiedensten Getreidearten gebacken: Weizen, Roggen, Dinkel, aber auch Exoten wie Quinoa und Amaranth. Anschließend wurden diese Brote auf ihren Magnesiumgehalt hin untersucht und gekostet; denn schmecken sollte das neue Produkt schließlich auch. Am Ende dieser langwierigen Forschungs- und Experimentierarbeit stand ein leckeres Brot aus Dinkel und Amaranth mit mehreren weiteren magnesiumreichen Zutaten, z. B. Sesam und Sonnenblumenkernen. Mit 220 g dieses Brotes – was in etwa dem täglichen Brotverzehr

Diese Tabelle zeigt, daß Amaranth, was den Gehalt an Eisen, Calcium und Magnesium betrifft, im Vergleich zu anderen Getreidearten der absolute Spitzenreiter ist. (Die Angaben beziehen sich jeweils auf eine Menge von 100 g.)

Sportler (insbesondere Leistungssportler) haben einen erhöhten Magnesiumbedarf. Ein Mangel an Magnesium beeinträchtigt ihre Leistungsfähigkeit.

Das von der Firma Schnitzer entwickelte Bio-Vollwert-Amaranth-brot mit Dinkel emp-fiehlt sich besonders für Menschen mit Magnesiummangel oder einem erhöhten Magnesiumbedarf. Erhältlich ist es in allen Schnitzer-Partner-bäckereien und vielen Naturkostläden. (Adressen anfordern bei: Schnitzer GmbH & Co. KG (Abteilung Partnerbäckereien), Postf. 14 33, 78106 St. Georgen, (Tel.: 0 77 24/94 32-50 oder -52; Fax: 0 77 24/ 94 32 51)

entspricht – führt man seinem Körper 300 mg Magnesium zu, deckt also mehr oder weniger seinen Tagesbedarf an diesem wichtigen Mineral.

Als nächstes mußte überprüft werden, ob der Körper das in diesem Brot enthaltene Magnesium auch aufnehmen kann. Also wurde das Brot nun in einer wissenschaftlichen Studie getestet, bei der Wissenschaftler der Universität Gießen und eine Fachklinik für Herzerkrankungen zusammenarbeiteten: 25 Frauen, die regelmäßig Sport trieben (Sport erhöht den Magnesiumbedarf), aßen fünf Wochen lang kein anderes Brot als dieses, und zwar in der normalerweise üblichen Ver-

Menschen, für die Amaranth besonders wichtig ist

◆ Alle **Frauen**, besonders nach den Wechseljahren (da sie bes ders osteoporosegefährdet sind und deshalb viel Calcium be tigen). Auch wegen des hohen Eisengehalts brauchen Frau Amaranth.

◆ Alle **älteren Menschen** – wegen des hohen Calciumanteils Amaranth die ideale Vorbeugung gegen Osteoporose. Außerd bringt die Aminosäure Lysin die grauen Zellen auf Trab.

◆ Alle **Vegetarier** (vor allem Veganer), die auf besonders hochw tiges Eiweiß in ihrer pflanzlichen Nahrung angewiesen sind. I Amaranth liefert es ihnen.

◆ Alle Menschen, die an **Magnesiummangel** leiden oder einen höhten **Magnesiumbedarf** haben. (Außer Sportlern sind d Schwangere und Stillende, Kinder und Jugendliche, kranke u streßgeplagte Menschen sowie alle **Patienten mit Herz-Kre lauf-Erkrankungen**: Magnesium verbessert die Herzleistu senkt die Blutfettwerte und hemmt die Gerinnungstendenz ◆

zehrsmenge von 220 g täglich. Auch über die anderen Nahrungsmittel, die sie zu sich nahmen, mußten die Teilnehmerinnen der Studie genau Buch führen.

Um festzustellen, ob der Magnesiumhaushalt der Testpersonen sich durch das Brot verbesserte, nahm man ihnen Blut ab, sammelte Stuhl und Urin und unterzog sie jeweils zu Beginn und zu Ende der Studie einem Leistungstest auf dem Fahrradergometer.

Das magnesiumreiche Brot erwies sich als Erfolg auf der ganzen Linie: Die Blutuntersuchungen ergaben, daß der Magnesiumgehalt in den roten Blutkörperchen im Laufe der fünfwöchigen Studie um ganze 45 % anstieg.

Blutes. Außerdem schützt es das Herz vor Krämpfen und ist somit der ideale Herzinfarkt-Schutz.

Kleinkinder in der Milchentwöhnungsphase und **Schulkinder**: Die gute Stärkeverdaulichkeit macht den Amaranth zum idealen Bestandteil der Kinderernährung. Lysin und Lecithin fördern die Entwicklung des Gehirns; Calcium ist wichtig für den Knochenaufbau. Ein Pausenbrot mit Amaranth läßt Kinder selbst einen besonders anstrengenden, stressigen Schultag leichter überstehen.

Sportler, weil auch sie hochwertiges Eiweiß (vor allem Lysin) und außerdem viel Magnesium brauchen. Hinzu kommt, daß die leichtverdauliche Amaranthstärke im Stoffwechsel schnell verfügbar ist.

Menschen, die geistig arbeiten: Lecithin und Lysin bringen mehr Power fürs Gehirn, Magnesium lindert Streß und Leistungsdruck.

Auch die körperliche Leistungsfähigkeit der Sportlerinnen verbesserte sich: Sie waren beim zweiten Leistungstest auf dem Fahrradergometer viel fitter als beim ersten; gleichzeitig schütteten ihre Nebennieren weniger Streßhormone aus, ihr systolischer Blutdruck war niedriger und die Sauerstoffaufnahme geringer. Der Grund: Magnesium steigert die Leistungsfähigkeit des Herzens und verbessert die Sauerstoffausnutzung, so daß man mit weniger Sauerstoff mehr Leistung erbringen kann.

Da dieses Getreide so hochwertig (und gleichzeitig gut verdaulich) ist, reichen bereits kleine Mengen davon aus – und schon ist man für viele Stunden gesättigt, ohne ein lästiges Völlegefühl zu empfinden. Das macht Amaranth-Produkte auch zum idealen Reiseproviant: Lange, anstrengende Autofahrten übersteht man mit Amaranth dank seines hohen Gehalts an wichtigen Aminosäuren, Mineralien und Spurenelementen besser als mit anderen Snacks; die Konzentration läßt nicht so rasch nach, und man ermüdet auch nicht so schnell.

Was das kleine Korn sonst noch alles kann

„Ein ideales Getreide für unsere heutige Zeit mit Umweltbelastungen, Lärmbeeinflussung und Streßbedrohung!" (Der peruanische Pionier der Amaranth-Forschung, Professor Luis Sumar Kalinowski)

Mittlerweile machen die unscheinbaren kleinen Körner immer mehr von sich reden: In einer in den USA durchgeführten wissenschaftlichen Studie zur Bekämpfung des Welthungers, bei der 100 verschiedene Pflanzenarten untersucht wurden, gehörte Amaranth zu den 22 vielversprechendsten, die vermehrt angebaut werden sollten. Das UN-Kinderhilfswerk UNICEF empfiehlt Amaranth sogar als Milchersatz für Kinder und finanziert in ganz Südamerika Amaranth-Forschungsprojekte.

Selbst die Astronauten trauen sich ohne die kleinen gelben Körnchen nicht mehr in den Weltraum: Beim

Start der Raumfähre „Atlantis" im Jahre 1985 hatte die Besatzung erstmals Amaranth- und Quinoa-Produkte als Proviant für die Reise in den Weltraum mit dabei. Seitdem nimmt der Amaranth in der Astronauten-Verpflegung einen festen Platz ein.

Medizinische Studien haben inzwischen ergeben, daß dieses Korn nicht nur wegen seines hohen Nährwerts und seiner wertvollen Inhaltsstoffe uneingeschränkt zu empfehlen ist, sondern daß sich sogar Krankheiten damit bekämpfen oder zumindest lindern lassen:

◆ Das Korn hilft gegen **chronische Müdigkeit** und **Erschöpfung** – wahrscheinlich durch seinen außergewöhnlich hohen Gehalt an wichtigen Vitaminen, Mineralstoffen und Spurenelementen. Auch Konzentration und geistige Leistung lassen sich durch Amaranth steigern, und bei gestreßten Menschen ist eine **nervenstärkende Wirkung** zu beobachten.

◆ **Chronische Kopfschmerzen** und **Migräne** besserten sich, wenn die Patienten begannen, regelmäßig Amaranth zu sich zu nehmen.

◆ Viele Menschen mit **Schlafstörungen** konnten wieder besser schlafen, nachdem sie mehrere Monate lang regelmäßig Amaranth gegessen hatten.

◆ Amaranth sorgt (wohl hauptsächlich durch seinen hohen Anteil an Ballaststoffen) normalisierend auf die Verdauung und hilft gegen **Verstopfung**.

◆ Das Korn verlangsamt den **Alterungsprozeß**.

◆ Bei Patienten mit **Magenübersäuerung, Magenschleimhautentzündung**, ja sogar **Magengeschwüren** ließ sich durch Amaranth eine Linderung erzielen.

◆ Amaranth stärkt die **Atemwege** und schenkt blassen Menschen wieder eine frische, gesunde Gesichtsfarbe.

„Das Korn verzögert das Altern, stärkt das Gedächtnis und die Nervenkraft, heilt Magengeschwüre und Tuberkulose." (Luis Sumar Kalinowski)

Auch **entzündete Mundwinkel** und **spröde, rissige Lippen** ließen sich durch Amaranth ausheilen.

◆ In den USA wird Amaranth mittlerweile sogar als begleitende Therapie im Kampf gegen **Virusinfektionen** wie beispielsweise Herpes eingesetzt. Die Rückfallquoten ließen sich dadurch beträchtlich verringern, was Wissenschaftler auf den hohen Gehalt der Aminosäure Lysin zurückführen.

Quinoa: hochwertiger als Reis – und außerdem viel schmackhafter

Quinoa *(Chenopodium quinoa)* gehört zur Familie der Gänsefußgewächse und ist mit dem Amaranth verwandt. Deshalb überrascht es eigentlich auch nicht, daß die Quinoa mit ähnlich hochwertigen Inhaltsstoffen aufwarten kann wie dieser.

Die Körner sind weißlich, etwas größer als beim Amaranth, und sehen in gekochtem Zustand so ähnlich aus wie Reis, haben aber ein angenehm nussiges Aroma.

Wenn man die Körner kocht, wird der Keimling als kleiner weißer Ring rund um das Korn sichtbar. Verglichen mit anderen Getreidearten wie Weizen oder Reis, wo er nur als winziger Fleck an der Spitze des Korns zu sehen ist, ist der Keimling beim Quinoakorn riesengroß, und damit erklärt man sich die außergewöhnliche Hochwertigkeit dieses Getreides: Der Keimling ist der nährstoffreichste Bestandteil eines Samens. Er enthält alles, was die kleine Pflanze braucht, um kräftig wachsen zu können. Je größer er ist, um so mehr wertvolle Inhaltsstoffe – vor allem hochwertiges Protein – enthält also das Korn.

Die Quinoapflanze ist ziemlich widerstandsfähig, so daß man beim Anbau weitgehend auf den Einsatz von Pestiziden verzichten kann. Daher ist das Korn kaum von Umweltschadstoffen belastet.

Ähnlich wie beim Amaranth ist der Proteingehalt bei der Quinoa sehr hoch: Mit 10 bis 15 % **Eiweiß**gehalt läßt sie Weizen (rund 13 %), Hafer (12,6 %), Roggen (8,7 %) Mais (9,2 %) und Reis (7,4 %) in gebührendem Abstand hinter sich. Hinzu kommt, daß die Quinoa auch ein sehr hochwertiges Eiweiß liefert. Der Lysingehalt liegt ähnlich hoch wie beim Amaranth; die biologische Wertigkeit des Quinoa-Eiweißes wird mit 50 bis 56 % zwar etwas niedriger eingestuft als bei Amaranth (75 %), verglichen mit vielen Getreidearten wie beispielsweise Weizen oder Mais ist sie aber immer noch erstaunlich hoch.

Die Quinoasamen enthalten mit 5 g pro 100 g außerdem mehr **Fett** als die meisten anderen Getreidearten und haben ähnlich wie der Amaranth eine für die Gesundheit sehr günstige Fettsäurenzusammensetzung, bei der die einfach und mehrfach ungesättigten Fettsäuren dominieren – der ideale Schutz vor Arteriosklerose.

Was die Vitamine anbelangt, hat Quinoa ebenfalls einiges zu bieten. Hervorzuheben ist vor allem der hohe Gehalt an **Vitamin B$_2$**: Mit 0,35 mg pro 100 g liegt die Quinoa hier im Vergleich zu anderen Getreiden eindeutig an der Spitze. (Vitamin B$_2$ spielt eine wichtige Rolle bei der Energiegewinnung unseres Körpers aus Eiweiß, Fett und Kohlenhydraten, ist für den Energiestoffwechsel also unentbehrlich.) Außerdem enthält Quinoa mit 4,7 bis 5,7 mg pro 100 g ziemlich viel **Vitamin E** und im Gegensatz zu sämtlichen anderen Getreidearten (Ausnahme: Amaranth) sogar **Vitamin C**.

Bei den Mineralstoffen besticht sie durch einen hohen Gehalt an **Eisen, Calcium** und **Magnesium** – wenn auch nicht so hoch wie beim Amaranth. Ebenfalls hervorzuheben ist der außergewöhnlich hohe Zink-, Kalium- und Phosphor-Gehalt. Mit 6,8 mg **Zink** pro 100 g liegt die Quinoa an der Spitze aller Getreidearten und läßt sogar den Amaranth (der von dem wichtigen Spurenelement nur

Beim Kochen des Korns wird der Keimling als kleiner weißer Ring sichtbar. Er ist bei der Quinoa außergewöhnlich groß – wahrscheinlich, weil die kleine Pflanze, die sich aus ihm entwickelt, häufig unter sehr ungünstigen Lebensbedingungen gedeihen muß und deshalb viel Kraft braucht. Der große Keimling erklärt den hohen Gehalt an wertvollen Inhaltsstoffen (vor allem Proteinen), den dieses Korn besitzt.

Gehalt der Quinoa an
Mineralien und Spuren-
elementen (jeweils pro
100 g):
Eisen: 10,8 mg
Calcium: 115 mg
Magnesium: 250 mg
Zink: 6,8 mg
Kalium: 980 mg
Phosphor: 405 mg

3 mg pro 100 g enthält) weit hinter sich. Zink gehört ebenso wie Eisen und Calcium zu den „kritischen" Mineralstoffen, von denen wir mit unserer üblichen Nahrung nicht immer genug aufnehmen. Zink fördert das Wachstum, die Wundheilung und wahrscheinlich sogar die Intelligenz. Ein Mangel kann zu Hautveränderungen, Nachtblindheit, Haarausfall, Infektionsanfälligkeit, ja sogar zu Potenzstörungen führen.

Kalium (wichtig für die Herztätigkeit) ist in der Quinoa doppelt bis dreimal soviel enthalten wie in anderen Getreidearten; was den **Phosphor**gehalt angeht (wichtig für Wachstum, Energiestoffwechsel und Knochen), liegt sie mit 405 mg pro 100 g ebenfalls so ziemlich an der Spitze und wird nur noch vom Amaranth (600 mg pro 100 g) übertroffen.

Der einzige kleine Nachteil der Quinoa besteht darin, daß ihre Schale eine bitter schmeckende Substanz (Saponin) enthält. Saponine kommen in vielen pflanzlichen Nahrungsmitteln (beispielsweise Spargel und Spinat) vor und sind in hohen Mengen giftig; in den geringen Spuren, in denen wir sie mit diesen Nahrungsmitteln aufnehmen, schaden sie uns jedoch nicht, und das leicht bittere Aroma empfinden wir sogar als angenehm.

Der Bolivianer Oscar
Ichazo, Begründer
einer ganzheitlichen,
spirituellen Körper-
therapie, die im Arica-
Institut (New York)
praktiziert wird, glaubt,
daß der Verzehr von
Quinoa die Spiritualität
fördert, und empfiehlt
seinen Schülern das
Korn sogar als
Meditationshilfe.

Die Quinoa wird – entweder durch Abschleifen der äußeren Kornhülle oder durch Waschen und Schrubben der Körner unter fließendem Wasser – entbittert, ehe sie in den Handel kommt. Trotzdem können immer noch Reste des Saponins in dem Korn enthalten sein. Diese geringen Saponinmengen schaden Erwachsenen normalerweise nicht; doch bei Säuglingen und Kleinkindern können sie die Darmschleimhäute reizen und Durchfälle hervorrufen. Deshalb ist Quinoa für die Ernährung von Säuglingen und Kleinkindern nicht geeignet.

Kamut: ein uraltes, unverfälschtes Getreide

Unsere herkömmlichen Getreidearten wurden über Jahrzehnte hinweg züchterisch verändert, und zwar vorwiegend nach kommerziellen Gesichtspunkten: Hoher Ertrag, Krankheitsresistenz und gute Verarbeitbarkeit standen im Mittelpunkt des Interesses. Der Kamut dagegen hat die Jahrtausende überlebt, ohne züchterisch oder gentechnisch sehr verändert worden zu sein. Da ist es eigentlich kein Wunder, daß dieses unverfälschte Getreide unseren herkömmlichen Weizen an Aroma und Nährwert übertrifft.

Hinzu kommt, daß der ägyptische Urweizen mit den riesigen Körnern ausschließlich nach den Richtlinien des biologischen Landbaus kultiviert wird. Das bedeutet: keine Pestizide, kein Kunstdünger und auch keine chemischen Zusätze bei der Verarbeitung.

In einer in den USA durchgeführten Studie wurde Kamut mit anderen, herkömmlichen Weizenarten verglichen. Dabei stellte sich heraus, daß der Kamut einen viel höheren Nährwert und mehr wertvolle Inhaltsstoffe hat. Er ist reicher an Eiweiß, ungesättigten Fettsäuren, Vitaminen und Mineralien als unsere modernen Weizenarten. So enthält er z. B. 30 bis 35 % mehr **Magnesium** und **Zink**! Auch sein Gehalt an **Vitamin E** liegt um etwa 30 % höher.

Ähnlich wie bei Amaranth und Quinoa ist auch das **Eiweiß** des Kamuts im Vergleich zu anderen Getreidearten sehr hochwertig. Doch trotz dieser geballten Nährkraft ist er leicht verdaulich und sehr bekömmlich. Daher ist er die ideale Nahrung für Leistungssportler und alle anderen Menschen, die einen stressigen oder anstrengenden Alltag haben.

„Ich bin der festen Überzeugung, daß erst durch die biologische Bewirtschaftungsweise gesunde Böden gefördert werden, die wiederum eine gesunde Pflanze gedeihen lassen. Diese gesunden Pflanzen geben ihre Kraft und Vitalität an all diejenigen weiter, die sich von ihnen ernähren." *(Bob Quinn, Kamut-Entdecker und -Anbauer)*

Besonders hervorzuheben ist sein hoher Gehalt an **Selen**. Erst seit einiger Zeit weiß man, wie wichtig dieses Spurenelement für unseren Körper ist: Ähnlich wie die Vitamine C und E und Betakarotin macht es freie Radikale unschädlich und schützt auf diese Weise unsere Zellen. Da ist es eigentlich kein Wunder, daß in selenarmen Gegenden die Krebs- und Herzinfarktrate besonders hoch ist und die Menschen außerdem auch viel anfälliger für Infektionserkrankungen sind.

Unser täglicher Selenbedarf liegt zwischen 50 und 200 Mikrogramm.

Getreide ist neben Fleisch die wichtigste Selenquelle, die es gibt. Doch in Gegenden mit selenarmen Böden (beispielsweise in Deutschland) ist eine ausreichende Selenversorgung durch die Nahrung nicht immer gewährleistet, da die Pflanzen, die auf solchen Böden wachsen, nicht genügend Selen anreichern können. Wer regelmäßig Kamutprodukte ißt, braucht sich allerdings über einen Mangel an Selen kaum Sorgen zu machen; denn der ägyptische Urweizen enthält ungefähr 900 Mikrogramm Selen pro kg. Das bedeutet: Schon mit 200 g Kamutbrot täglich kann man seinen Selenbedarf mühelos decken.

Eine schmackhafte Alternative für Allergiker

Abgesehen von ihrem hohen Nährwert und ihren gesundheitsfördernden Inhaltsstoffen haben Amaranth, Quinoa und Kamut – die drei uralten, neuentdeckten Getreide – übrigens noch einen weiteren unschätzbaren Vorteil: Sie sind auch für Allergiker beziehungsweise Zöliakie-Patienten geeignet und stellen mit ihrem aparten Aroma und ihren vielseitigen Verwendungsmöglichkeiten eine wertvolle Bereicherung für deren Speisezettel dar.

Zöliakie: Nur eine lebenslange Diät kann helfen

Etwa jeder achthundertste bis tausendste leidet in Mitteleuropa unter Zöliakie. Das ist eine Nahrungsmittelunverträglichkeit gegen das Klebereiweiß Gluten, das in Weizen, Hafer, Gerste, Roggen, Dinkel und Grünkern enthalten ist. Strenggenommen wird sie nur dann als Zöliakie bezeichnet, wenn sie im Kindesalter auftritt; bei Erwachsenen nennt man sie Sprue. Es handelt sich jedoch um ein und dasselbe Krankheitsbild.

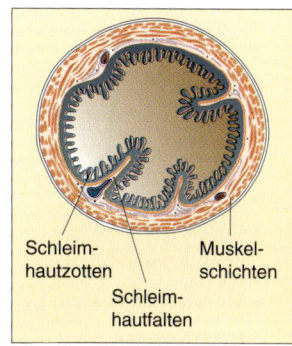

Schleim-
hautzotten

Muskel-
schichten

Schleim-
hautfalten

Auf den Darmzotten (fingerförmigen Ausstülpungen der Darmschleimhaut) befinden sich die Zellen, die für die Aufnahme von Nährstoffen aus dem Darm verantwortlich sind.

Durch das Gluten kommt es bei den Betroffenen zu einer schweren Schädigung der Dünndarmschleimhaut: Die Darmzotten, die für die Aufnahme von Nährstoffen aus dem Darm zuständig sind, bilden sich zurück, so daß die Darmschleimhaut ganz flach wird. Der Körper kann nicht mehr genügend Nährstoffe aufnehmen; Vitamin- und Mineralstoffmangel, bei längerem unbehandeltem Bestehen der Erkrankung auch Unterernährung, Wachstumsstörungen und Blutarmut sind die Folge. Oft kommt es auch zu heftigen Durchfällen.

Meist treten die Symptome dieser Erkrankung schon im Kindesalter auf, und zwar dann, wenn das Kind von der Muttermilch allmählich auf glutenhaltige Getreidebreie umgestellt wird. Sie kann sich aber auch erst im Erwachsenenalter zeigen. Wahrscheinlich handelt es sich um eine Autoimmunkrankheit – d. h. eine Erkrankung, bei der das Immunsystem „versehentlich" körpereigenes Gewebe angreift. Die genetische Veranlagung spielt dabei eine wichtige Rolle.

Bei Zöliakie-Patienten ist das Darmkrebsrisiko ungefähr zehnmal höher, wenn sie sich nicht an eine glutenfreie Diät halten.

Dem Zöliakiekranken bleibt nichts anderes übrig, als sein Leben lang eine glutenfreie Diät einzuhalten, d. h., alle Produkte aus seinem Speisezettel zu streichen, die das Klebereiweiß Gluten enthalten: also nicht nur die ge-

Nehmen Sie für den „kleinen Hunger zwischendurch" immer einen glutenfreien Snack (Gebäck, Müslimischung oder Schokoriegel) aus Amaranth oder Quinoa mit, wenn Sie unterwegs sind. Damit haben Sie ein hochwertiges Nahrungsmittel dabei, dessen sättigende Wirkung lange vorhält. Am Kiosk oder in der Autobahn-Raststätte können Sie nicht sicher sein, ob Sie glutenfreie Nahrungsmittel bekommen.

nannten Getreidearten, sondern auch sämtliche aus ihnen hergestellten Produkte – Mehl, Brot, Gebäck, Getreideflocken, Nudeln usw. Auch auf Gluten in versteckter Form – beispielsweise in Fertigprodukten, Fleisch- und Wurstwaren, Joghurtzubereitungen usw. – ist zu achten. Unter dieser Diät regenerieren sich die Darmzotten allmählich wieder. Man darf jedoch dann auf keinen Fall den Fehler machen, wieder in seine alten Ernährungsgewohnheiten zurückzufallen, sondern muß sich konsequent an seine Diät halten; denn Ernährungs-„Sünden" führen unweigerlich zu einer erneuten Schädigung der Darmschleimhaut.

Ein wirkliches Problem stellt eine solche Diät nicht dar, denn es gibt genügend glutenfreie Getreidearten (z. B. Reis, Mais, Hirse, Buchweizen) und andere Nahrungsmittel, auf die man zurückgreifen kann; außerdem sind mittlerweile zahlreiche schmackhafte glutenfreie Fertigprodukte im Handel. Nur mit dem Essengehen wird es schwierig, da man nie sicher sein kann, ob nicht irgendein Bestandteil des Essens Gluten enthält.

Außer den bereits genannten Getreidearten sind auch Amaranth und Quinoa glutenfrei und stellen damit eine sehr schmackhafte und gleichzeitig außergewöhnlich hochwertige Alternative für den Glutenallergiker dar. Wenn er den im Handel erhältlichen glutenfreien Mehlmischungen Amaranth- oder Quinoamehl beimischt, kann er seine Backwaren sehr aufwerten und gleichzeitig ihr Aroma verbessern. Außerdem gibt es auch noch zahlreiche andere leckere glutenfreie Gerichte, die sich aus Amaranth und Quinoa zaubern lassen. In den Rezepten ab Seite 58 finden Sie viele Anregungen, wie Sie mit Hilfe dieser Getreidearten Ihren glutenfreien Speisezettel abwechslungsreicher gestalten können.

Kamut: der Weizen, den man essen kann

Als Weizenart enthält Kamut im Gegensatz zu Amaranth und Quinoa zwar Gluten, ist aber dafür eine hervorragende Alternative für Weizenallergiker. Bei einer kürzlich durchgeführten Studie der International Food Allergy Association hatten über 70 % der Patienten, die an einer Weizenüberempfindlichkeit leiden, mit Kamut erstaunlicherweise überhaupt keine Probleme.

Die Ergebnisse dieser Studie decken sich übrigens mit den Erfahrungen des amerikanischen Kinesiologen Kelly Goyen, der den Kamut bei Nahrungsmittelallergikern mit Hilfe des „Touch for Health"-Verfahrens austestet und dabei ebenfalls festgestellt hat, daß etwa 70 % aller Weizenallergiker den ägyptischen Ur-Weizen gut vertragen. Kelly Goyen verkauft in seinem Naturkostladen auch Kamut-Produkte und hat bisher noch von keinem seiner Kunden, die gegen Weizen allergisch sind, Klagen über Kamut gehört: „Für viele weizenempfindliche Personen ist Kamut der Weizen geworden, ‚den man essen kann'", berichtet er.

Trotzdem sollten Weizenallergiker aber sicherheitshalber erst einmal ihren Arzt um Rat fragen, ehe sie den Wunder-Weizen der Ägypter in ihren Speiseplan einbauen.

Die International Food Allergy Association rät darüber hinaus noch zu einer zusätzlichen Vorsichtsmaßnahme: Weizenallergiker, die Kamut gut vertragen, sollten ihn trotzdem höchstens alle vier Tage essen – im Wechsel mit anderen Getreidearten. Patienten, die diesen Ratschlag befolgten, haben bisher selbst nach einem Zeitraum von sieben Jahren immer noch keine Allergie gegen Kamut-Produkte entwickelt.

Bei dem kinesiologischen „Touch for Health"-Test wird anhand der Muskelreaktion geprüft, ob jemand ein bestimmtes Nahrungsmittel verträgt oder nicht: Der Therapeut gibt der Testperson die betreffende Substanz in die eine Hand und versucht dann ihren anderen Arm herunterzudrücken. Hält der Muskel dem Druck stand, so ist das ein Zeichen für eine gute Verträglichkeit des Nahrungsmittels.

Kochen und Backen mit dem Ur-Getreide

Zum Backen eignet sich das Ur-Getreide ebenso gut wie zum Kochen und natürlich auch
für leckere Süßspeisen, Müslis und Desserts.
Außerdem kann man daraus leckeres Popcorn
oder Getreideflocken und hochwertige Keime
und Sprossen herstellen. In diesem Kapitel
erfahren Sie alles über den Umgang mit
Amaranth, Quinoa und Kamut in der Küche.

B rot, Brötchen, Kuchen, Waffeln, Konfekt, leckere Desserts, vollwertige Müslis, köstliche Hauptgerichte und raffinierte Beilagen ... Es gibt kaum etwas, was sich aus Amaranth, Quinoa und Kamut nicht zubereiten ließe. Und allen Gerichten verleihen die drei Getreidearten ihr ganz charakteristisches, apartes Aroma.

Reichlich Auswahl bietet sich übrigens nicht nur bei den Rezepten, die man mit Amaranth, Quinoa und Kamut zubereiten kann; mittlerweile gibt es auch schon zahlreiche Fertigprodukte aus diesen hochwertigen Getreiden auf dem Markt: In Naturkostgeschäften findet man neben Körnern, Mehl oder Schrot der drei Getreidearten beispielsweise Popcorn und Flocken aus Amaranth, köstliche Nudeln aus Kamut und Quinoa und natürlich Brote, Müslimischungen, Schokoriegel, Bratlinge und andere Fertiggerichte. Der Phantasie in der Küche sind also wirklich keine Grenzen gesetzt – egal, ob man selber aus dem Korn verschiedene Köstlichkeiten zaubern oder

Die drei hochwertigen Getreide setzen sich in letzter Zeit bei uns immer mehr durch. Mittlerweile sind in fast allen größeren Reformhäusern und Naturkostläden Amaranth-, Quinoa- oder Kamut-Produkte zu finden.

auch einmal ein Fertiggericht auf den Tisch bringen möchte, wenn man gerade keine Zeit oder keine Lust zum Kochen hat.

Grundrezept für Amaranth und Quinoa

Gekochte Amaranthkörner eignen sich sowohl für herzhafte als auch für süße Gerichte. Die Zubereitung ist einfach: Man gibt den Körnern das Doppelte bis Dreifache ihrer Menge an Wasser (ohne Salz) hinzu, deckt sie zu, läßt sie aufkochen und dann etwa 20 bis 30 Minuten bei kleiner Hitze köcheln. Anschließend läßt man sie auf der ausgeschalteten Herdplatte noch ungefähr 10 Minuten nachquellen.

Man kann die Amaranthkörner aber auch in der Getreidemühle zu grobem Schrot vermahlen, mit der dreifachen Wassermenge zum Kochen bringen, würzen und mit geschlossenem Deckel auf kleiner Flamme garen. Schrot braucht nur fünf Minuten zum Garen; anschließend läßt man es noch fünf bis zehn Minuten auf der ausgeschalteten Herdplatte stehen, damit es das ganze Wasser aufnimmt. Gekochtes Amaranthschrot eignet sich gut als Beilage, Suppeneinlage, für einen Auflauf oder als Basis für eine leckere Süßspeise. Dabei rechnet man etwa 30–50 g des Getreides als Beilage oder 60–80 g als Hauptspeise.

Quinoa: ideal als Reis-Ersatz

Quinoa wird ganz ähnlich zubereitet wie Amaranth: Man läßt die Körner (je nachdem, was im Rezept verlangt wird) in etwa der dreifachen Menge gesalzenem Wasser oder in Milch aufkochen und dann ungefähr eine Viertel-

Eine Übersicht über die auf dem Markt erhältlichen Fertigprodukte und -gerichte aus Amaranth, Quinoa und Kamut finden Sie ab Seite 120.

Pro Person rechnet man etwa 30–50 g Amaranth als Beilage, 60–80 g als Hauptspeise

Werden Amaranth und Quinoa anschließend noch weiterverarbeitet (z. B. zu Suppen, Aufläufen, Bratlingen oder Gebäck), so braucht man sie nicht nachquellen zu lassen.

stunde auf kleiner Flamme garen. Anschließend muß die Quinoa noch 10 Minuten nachquellen (in Milch dauert das Quellen etwas länger als in Wasser). Grundsätzlich kann man dieses Korn in allen Reisrezepten statt Reis verwenden – also beispielsweise für Paella, Risotto, Suppen und Salate. Man wird angenehm überrascht sein: Die Quinoa ist viel aromatischer als Reis und verleiht allen Gerichten, denen sie – selbst in kleiner Menge – beigegeben wird, ihren aparten Nußgeschmack. Man kann sie aber auch mit anderen Getreidearten mischen: Mit Wildreis kombiniert, eignet sie sich gut als Beilage oder als Füllung für Geflügel; zusammen mit Mais und einer kräftigen Prise Chilipulver ergibt sich eine würzige Beilage für ein scharfes mexikanisches oder südamerikanisches Gericht. Auch mit Hirse läßt sich die Quinoa gut kombinieren.

Man braucht pro Person ungefähr 40 g des Getreides als Nachspeise oder Beilage und 70–80 g als Hauptgericht.

Ganz wichtig: Da die Schale der Quinoa Bitterstoffe enthält, die bei der Vorbehandlung, ehe sie in den Handel kommt, nicht immer vollständig entfernt werden, muß man die Körner vor dem Kochen gründlich unter fließendem heißem Wasser abspülen.

Man sollte die Körner trocken, luftig und kühl (am besten in einem Leinensack oder einer offenen Holzkiste) lagern; auf diese Weise halten sie bis zu zwei Jahre. Frisch gemahlenes Mehl oder Schrot hingegen sollte man möglichst rasch verbrauchen, da es leicht vedirbt.

Was man aus Amaranth-, Quinoa- und Kamutkörnern alles machen kann

Die drei Ur-Getreide bieten sich zum Experimentieren geradezu an: Vom Keimen bis hin zur Herstellung von Popcorn und köstlichen Flocken gibt es unzählige Möglichkeiten, die Körner aufzubereiten und im Geschmack zu variieren. Dadurch läßt sich gleichzeitig auch ihr Nährwert steigern.

Durch das Keimen steigt der Gehalt an wichtigen Vitaminen und Mineralstoffen, und auch die Eiweiß-qualität verbessert sich.

Alle drei Getreide können zum Keimen gebracht werden. Amaranthkörner wäscht man zu diesem Zweck gründlich, weicht sie ein bis zwei Stunden ein (Körner keimen schneller, wenn sie sich vorher mit Wasser vollgesogen haben) und läßt sie in einem Keimgerät bei mindestens 25 °C zwei bis drei Tage lang keimen. Die Sprossen eignen sich ganz hervorragend als Zutat zu Salaten, Aufläufen, Müsli oder auch Brotteig.

Sprossen oder auch nur leicht angekeimte Körner sind besonders hochwertig: In einer Studie verbesserte sich die Proteinqualität von Amaranth durch das Keimen ganz entscheidend. Der Gehalt an Lysin (Sie erinnern sich: Das ist die wichtige Aminosäure, die in den meisten Getreidearten Mangelware ist, in Amaranth und Quinoa dagegen in sehr großer Menge vorkommt) stieg bei der Keimung von knapp 800 mg auf 1450 mg pro 100 g Samen – also fast eine Verdoppelung. Auch der Methioningehalt erhöhte sich von 320 auf rund 590 mg.

Der Vitamin- und Mineralstoffgehalt läßt sich durch Keimen ebenfalls steigern, insbesondere der Gehalt an Vitamin C und Riboflavin (Vitamin B_2).

Quinoasamen werden gewaschen und anschließend ungefähr vier Stunden in Wasser eingeweicht; dann läßt man sie drei bis vier Tage lang keimen. Quinoasprossen schmecken gut in Salaten oder auf einem Sandwich.

Auch aus Kamut lassen sich leckere und sehr hochwertige Sprossen herstellen. Sie schmecken so ähnlich wie Weizenkeime und haben einen ähnlich hohen gesundheitlichen Wert. Dazu weicht man die Körner nach dem Waschen ein paar Stunden lang ein und läßt sie dann drei bis vier Tage keimen.

Wichtig: Man muß die Keimlinge an einen hellen Ort stellen und sie mindestens dreimal täglich unter fließendem Wasser abspülen.

Eine ganz besonders hochwertige Köstlichkeit: Frühstücksmüsli mit Amaranth-Popcorn oder -Flocken. Das Popcorn kann man selber herstellen; die Flocken sollte man lieber kaufen, da Amaranthkörner für die herkömmlichen Flockenquetschen zu klein sind.

Ideal fürs Frühstücksmüsli: Popcorn und Getreideflocken

Amaranth-Popcorn kann man fertig kaufen; es gibt auch fertige Müslimischungen mit gepoppten Amaranth in verschiedenen Geschmacksrichtungen. Noch mehr Spaß macht es aber, das Popcorn selber herzustellen: Dazu erhitzt man einen Kochtopf oder eine Pfanne mit Deckel ohne Fett bei mittlerer bis hoher Kochstufe. Sobald der Topf heiß genug ist, hebt man den Deckel kurz an und gibt einen Eßlöffel Amaranthkörner hinein. Der Topf ist dann heiß genug, wenn die Körner sofort aufplatzen und nicht am Topfboden anbrennen. Sobald Sie den Amaranth in den Topf gegeben haben, nehmen Sie den Topf von der Kochstelle und bewegen ihn hin und her, damit die Körner nicht anbrennen. Wenn alle Körner gepoppt sind, leeren Sie sie zum Auskühlen in eine Schüssel. Sie können ruhig auch gleich eine größere Menge Körner poppen, da sie lange haltbar sind. Am besten bewahren Sie die gepoppten Amaranthkörner trocken in einem geschlossenen Gefäß auf.

Eine Tasse Amaranthkörner ergibt ungefähr drei Tassen Popcorn.

So entsteht eine knusprige Köstlichkeit mit angenehmem Nuß-Aroma, die Sie sehr vielseitig verwenden können. Amaranth-Popcorn schmeckt wunderbar in Müslis oder Süßspeisen und läßt sich auch in Teige einrühren, um sie lockerer zu machen und die Backwaren geschmacklich zu verfeinern. Gepoppte Amaranthkörner im Brot vergrößern sein Volumen und lockern es somit auf. Das Brot wird dadurch ganz besonders leicht und bekömmlich. Außerdem kann man mit dem Popcorn Torten, Kekse und anderes Gebäck verzieren – oder man nimmt es einfach zum Knabbern für den kleinen Hunger

Auch die Indios wissen, daß gepoppter Amaranth eine Köstlichkeit ist. Sie vermischen ihn mit Honig und Nüssen und stellen daraus ein süßes Konfekt her, das den treffenden Namen „Alegría" (Freude; Rezept auf Seite 94) trägt – eine verführerische Kalorienbombe.

zwischendurch. Auch durch das Poppen verbessert sich, wie wissenschaftliche Studien gezeigt haben, die Proteinqualität. Leider ist die Herstellung von Popcorn nur aus Amaranthkörnern möglich; bei Quinoa und Kamut geht es nicht.

Die Herstellung von Getreideflocken ist bei Amaranth und Quinoa etwas schwierig, da die Körner für die Flockenquetschen zu klein sind; vereinzelt findet man jedoch Amaranth-Flocken im Handel. Aus Kamut kann man sehr gut Flocken mit einer Flockenquetsche herstellen; falls die Körner dabei zu sehr zerbröseln, weicht man sie vorher ein paar Stunden lang ein. Die Flocken lassen sich ebenso vielseitig verwenden wie Haferflocken – für ein leckeres Müsli eignen sie sich genauso gut wie als Suppeneinlage.

Was man beim Mahlen und Backen beachten muß

Wenn Sie keine Möglichkeit zum Mahlen haben, können Sie sich die Körner natürlich auch im Reformhaus oder im Naturkostladen mahlen lassen. Für Zöliakie-Patienten empfiehlt sich das jedoch auf keinen Fall, da dort sämtliches (also auch glutenhaltiges) Getreide in einer einzigen Mühle vermahlen wird.

Amaranthkörner können Sie in einer Getreidemühle, Haushalts- oder Kaffeemühle zu feinem Mehl oder grobem Schrot mahlen. (Wichtig: Beim Kauf einer Mühle ausprobieren, ob sie die kleinen Körnchen auch erfaßt!) Ein wunderbar feines, helles Mehl läßt sich aus gepoppten Amaranthkörnern herstellen. Mahlen Sie das Popcorn in einer Kaffeemühle, und Sie erhalten ein Mehl, das sich hervorragend zum glutenfreien Andicken von Saucen eignet.

Auch Quinoa kann man in der Getreidemühle, aber natürlich auch in der Nuß- oder Kaffeemühle mahlen. Beide Mehle haben einen hohen Anteil an ungesättigten Fettsäuren und lassen sich daher nicht lange aufbewahren. Bei längerer Lagerung kann es leicht zu Oxidationsprozessen kommen, durch die das Mehl ranzig wird;

außerdem entstehen dabei gesundheitsschädliche Substanzen. Deshalb sollten Sie immer nur die Menge mahlen, die Sie gerade brauchen. (Das gilt übrigens nicht nur für Mehl, sondern auch für Schrot.)

Eine ganz besondere Spezialität: Pito

Eine bei der Andenbevölkerung sehr geschätzte Delikatesse ist Pito – Mehl aus gerösteten Quinoakörnern. Dieses Mehl verleiht Backwaren ein ganz eigenes Aroma und ist Bestandteil vieler traditioneller Indio-Gerichte.

Pito können Sie leicht selber herstellen. Dazu werden Quinoasamen in einer nicht gefetteten Pfanne leicht angeröstet, bis sie anfangen zu duften und eine dunklere Färbung annehmen. Aber Vorsicht – die kleinen Samen verbrennen sehr schnell! Anschließend werden die gerösteten Quinoakörner in einer Getreide- oder Kaffeemühle fein gemahlen. Pito schmeckt nicht nur gut, sondern hat auch noch einen anderen entscheidenden Vorteil: Es ist länger haltbar als das Mehl aus den nicht gerösteten Samen. Man kann es monatelang lagern, also auch gleich in größeren Mengen auf Vorrat herstellen.

Zur Herstellung von Pito werden Quinoasamen zunächst in der Pfanne geröstet (links) und anschließend in einer Getreide- oder Kaffeemühle gemahlen (rechts).

Backen mit Amaranth und Quinoa

Schon bei Verwendung von sehr kleinen Mengen Amaranth- oder Quinoamehl schmeckt man das charakteristische Aroma des Korns heraus.

Amaranth und Quinoa enthalten kein Klebereiweiß (Gluten), das das Aufgehen des Teigs bewirkt. Deshalb muß man Amaranth- und Quinoamehl für Brote, Brötchen oder Gebäck, das aufgehen soll, mit einem kleberhaltigen Mehl wie beispielsweise Dinkel-, Weizen- oder Roggenmehl mischen, und zwar am besten im Verhältnis 1 : 2. Die Beimischung von Amaranth oder Quinoa erhöht den Nährwert der Backwaren und verleiht ihnen ein schmackhaftes, nussiges Aroma. Zur geschmacklichen Verfeinerung und Lockerung kann man dem Brotteig außerdem Amaranth-Popcorn beigeben oder ihn durch die Beimischung leicht angekeimter Amaranthkörner aufwerten. Für flache Teigwaren wie Pfannkuchen, Crêpes, Biskuit oder Muffins braucht man kein anderes Mehl beizumischen. Wenn Sie glutenfreies Brot backen wollen, nehmen Sie eine glutenfreie Backmischung und ersetzen Sie sie – je nach Geschmack – bis zu einem Drittel durch Amaranth- oder Quinoamehl. Quinoa hat einen

Da Amaranth (ebenso wie Quinoa) kein Gluten enthält, muß man ihn mit anderen, kleberhaltigen Mehlen wie beispielsweise Dinkel-, Weizen- oder Roggenmehl mischen (wie bei den hier abgebildeten leckeren Amaranth-Brötchen), sonst geht das Gebäck nicht auf.

nussigen Eigengeschmack und verträgt sich sehr gut mit Haselnüssen, Mandeln, Schokolade, aber auch Rosinen.

Kamut läßt das Herz jedes Bäckers höher schlagen

Kamut ist im Gegensatz zu Amaranth und Quinoa nicht glutenfrei und eignet sich daher besonders gut für Backwaren jeder Art. Weizen- oder Dinkelmehl kann vollständig durch Kamutmehl ersetzt werden. Kamut ist ein sehr hartes Korn; zum Mahlen brauchen Sie eine Getreidemühle. Bei frisch gemahlenem Mehl ist der Nährstoffgehalt noch am höchsten, daher sollten Sie es möglichst schnell verbrauchen.

Der Urweizen der Ägypter schmeckt viel milder als unser moderner Weizen – ohne irgendeinen bitteren Nachgeschmack – und hat auch bessere Backeigenschaften: Wegen seines hohen Proteingehalts und der ausgezeichneten Qualität seines Klebereiweißes (von dem die Backfähigkeit abhängt) kann man aus Kamut beispielsweise ohne Zusatz von Eiern köstliche Nudeln herstellen. Das aus Kamutvollkornmehl gebackene Brot ist überraschend hell in der Farbe, hat eine saftige Krume und hält sich lange frisch. Außerdem schmeckt es angenehm mild, leicht und locker und ist sehr bekömmlich.

Aber nicht nur für Brot, sondern auch für viele andere Zwecke ist der Kamut verwendbar: Müsli, Kekse, Bulgur, Couscous, Pfannkuchen, Suppen und Salate – alles gelingt hervorragend mit dem Super-Weizen, der sich inzwischen auch bei uns zu Recht immer größerer Beliebtheit erfreut.

Kamut hat ein milderes Aroma als unser herkömmlicher Weizen und keinerlei bitteren Nachgeschmack. Wegen seiner hervorragenden Backeigenschaften ziehen viele Bäcker das Urkorn der Ägypter inzwischen dem modernen Weizen vor.

Tips zum Brotbacken

◆ Als Treibmittel zum Brotbacken ist **Trockenhefe** eine gute Alternative zur frischen **Hefe**, da Sie sie immer auf Vorrat im Haus haben können. Sie können die frische Hefe in diesen Rezepten durch Trockenhefe ersetzen.

◆ Für **glutenfreie Brote** benutzen Sie statt eines normalen Backpulvers das glutenfreie **Weinsteinbackpulver**.

◆ Sie können die Rezepte in diesem Buch in **Kastenformen** oder auf normalen **Kuchenblechen** backen. Wichtig ist nur, für **glutenfreies Brot** immer eine **eigene Kastenform (oder Brotmaschine)** und ein **eigenes Brotmesser** zu verwenden. Auch müssen Zöliakie-Patienten zur Herstellung glutenfreien Mehls eine **eigene Getreidemühle** benutzen und dürfen ihr Getreide niemals im Reformhaus oder Naturkostladen mahlen lassen, weil dort für alle Getreidearten eine einzige Mühle verwendet wird!

◆ Sie sollten die **Backzeit** nicht verkürzen, eher noch um 10 bis 15 Minuten verlängern. Zur **Garprobe** nehmen Sie das Brot

Falls Sie mal keine Zeit zum Backen haben: Glutenfreies Brot (hier das Inka Brot mit Amaranth von Schnitzer) gibt es bei speziellen Bäckereien, Versänden und Reformhäusern auch fertig zu kaufen (s. Seite 121).

Backfehler erkennen und beheben

◆ Wenn das Brot sitzen bleibt und **nicht richtig hochgegangen** ist:
  ▶ Hefe zu heiß angerührt
  ▶ Zuwenig Flüssigkeit (der Teig war zu fest)
  ▶ Zuviel Amaranth- oder Quinoamehl verwendet

◆ Wenn das **Brot** während oder nach dem Backen **einfällt:**
  ▶ Zu lange gegangen
  ▶ Der gegangene Teig wurde nicht noch einmal geknetet
  ▶ Die Temperatur beim Gehenlassen war zu hoch
  ▶ Zuviel Wasser im Teig

nach der angegebenen Zeit aus dem Ofen und klopfen Sie auf die Unterseite. Wenn es hohl klingt, ist es fertig. Wenn Sie sich nicht sicher sind, stellen Sie es lieber noch einmal kurz zum Nachbacken in den Ofen. Glutenfreies Brot bleibt sonst etwas klebrig.

Der Backofen sollte immer **vorgeheizt** werden; am besten gelingen die Brote bei Ober- und Unterhitze.

Je **länger** Sie **kneten**, um so **lockerer** wird das Brot.

Den Teig **lange genug gehen lassen**, damit sich beim Backen feine, gleichmäßige Poren entwickeln können!

Stellen Sie während des Backens **eine Schale mit Wasser in den Backofen!** So trocknet der Teig nicht aus, und das Brot bekommt eine besonders **knusprige Kruste.**

Wenn Sie **das fertige Brot noch heiß mit Wasser abstreichen,** bekommt es eine schöne Farbe, und die Kruste läßt sich besser schneiden. Das Wasser muß dabei sofort verdampfen.

Wenn die **Poren zu klein** sind und das **Brot zu kompakt** ist:
- ▶ Nicht genug geknetet
- ▶ Nicht lange genug gehen lassen

Wenn das Brot **krümelt** und **zu trocken** ist:
- ▶ Zuwenig geknetet
- ▶ Der Teig war zu fest und hatte zuwenig Flüssigkeit
- ▶ Das Brot wurde bei zu hoher Temperatur gebacken

Wenn das Brot eine **feuchte Krume** hat:
- ▶ Die Backzeit war zu kurz
- ▶ Die Backtemperatur war zu niedrig

Mit Hilfe der nebenstehenden Checkliste lassen sich alle Fehler, die Anfänger beim Brotbacken manchmal machen, leicht feststellen und beheben.

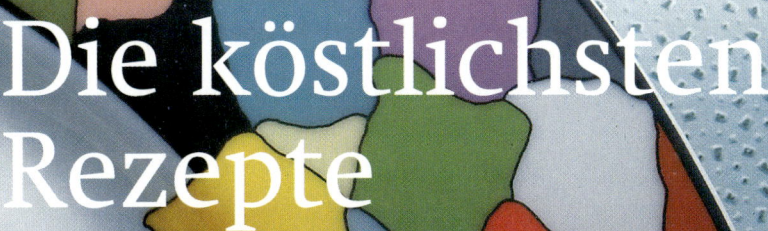

Die köstlichsten Rezepte

Es gibt kaum eine Köstlichkeit, die sich aus Amaranth, Quinoa und Kamut nicht zaubern ließe. Auch zum Backen bieten sich jede Menge Möglichkeiten – von Brot und Brötchen über Kuchen und Torten bis hin zu knusprigen Waffeln und Keksen. Dieses Kapitel stellt Ihnen die köstlichsten Rezepte rund um das Ur-Getreide vor, darunter etliche traditionelle Indio-Gerichte. Und natürlich ist auch für Gluten- und Weizenallergiker vieles dabei.

Erdbeer-Amaranth-Müsli

Dieses Müsli schmeckt sehr frisch und fruchtig. Natürlich können Sie die Erdbeeren auch gegen ein anderes Obst austauschen. Auch anstelle der Milch können Sie Joghurt oder Dickmilch verwenden. Ihrer Phantasie sind keine Grenzen gesetzt.

Dieses Buch ist nicht nur für Zöliakie- /Sprue-Betroffene geeignet, da es nicht nur glutenfreie, sondern auch zahlreiche glutenhaltige Rezepte enthält. Die glutenfreien Rezepte sind durch entsprechende Randvermerke gekennzeichnet.

Zutaten für 4 Personen:
160 g kernige Haferflocken
4 EL gepoppte Amaranthkörner (10 g)
280 ml fettarme Milch
400 g Erdbeeren
2 TL Honig
2 EL Pinienkerne

Nährstoffgehalt
pro Portion:

257 kcal / 1084 kJ

10 g Eiweiß
7 g Fett
38 g Kohlenhydrate

- Die Haferflocken und die gepoppten Amaranthkörner in eine Schüssel geben und mit der Milch mischen. Einige Minuten quellen lassen, dadurch wird das Müsli bekömmlicher.
- Erdbeeren waschen, vierteln und dazugeben.
- Mit dem Honig süßen und mit den Pinienkernen dekorieren.

Buntes Müsli mit Amaranthsprossen

Dieses Müsli schmeckt auch hervorragend mit Apfelsaft oder frisch gepreßtem Orangensaft anstelle der Milch.

Zutaten für 4 Personen:
40 g ungeschwefeltes Trockenobst
1 Apfel (100 g)

◀ *Amaranth mit Bergkäse und Petersilie*

1 Birne (100 g)
1 Banane (100 g)
60 g kernige Haferflocken
200 ml fettarme Milch
1 TL Sanddornsaft
2 TL Zitronensaft
8 EL Amaranthsprossen

Die Amaranthsprossen liefern noch zusätzliches Vitamin C.

- Das Trockenobst am Abend vorher einweichen und am nächsten Tag in grobe Stückchen schneiden.
- Den Apfel und die Birne waschen, das Kerngehäuse entfernen und die beiden Früchte ebenfalls in Stücke schneiden. Die Banane wird in Scheiben geschnitten.
- Das gesamte Obst mit den Haferflocken mischen.
- Die Milch mit dem Sanddornsaft und Zitronensaft vermengen und über das Müsli geben.
- Die Amaranthsprossen gut abspülen und das Müsli damit bestreuen.

Nährstoffgehalt pro Portion:

241 kcal / 1018 kJ

8 g Eiweiß
4 g Fett
42 g Kohlenhydrate

Quarkmüsli mit Quinoasprossen

Der Quark und die Milch in diesem Müsli liefern Ihnen wichtiges Calcium für Ihren Knochenbau.

Glutenfrei

Zutaten für 4 Personen:
400 g Magerquark
200 ml fettarme Milch
4 EL 100%iger Sanddornsaft
600 g Obst (z. B. Orangen, Weintrauben, Pfirsiche)
8 EL Quinoasprossen
2 TL Honig

Nährstoffgehalt pro Portion:

248 kcal / 1050 kJ

20 g Eiweiß
3 g Fett
35 g Kohlenhydrate

- Den Quark mit der Milch und dem Sanddornsaft glattrühren.
- Das Obst putzen, in Stücke schneiden und unter den Quark mischen.
- Die Quinoasprossen gut abspülen und über das Müsli verteilen.
- Das Müsli nach Belieben mit dem Honig süßen.

Salate

Feldsalat mit Amaranthsprossen

Dieser Salat schmeckt wunderbar mit einem frischen Baguette oder auch mit einem Roggenbrötchen.

Wenn man glutenfreie Gemüsebrühe und glutenfreien Senf verwendet, ist dieses Rezept auch für Zöliakie-Patienten geeignet.

Zutaten für 4 Personen:
300 g Feldsalat
250 g Kirschtomaten
100 g Champignons
50 g Amaranthsprossen
2 EL Sonnenblumenöl
2 EL Gemüsebrühe
1 TL Senf
2 Zwiebeln (60 g)
1 Bund Schnittlauch
1 Prise Jodsalz
Zucker
Pfeffer

- Den Feldsalat gründlich waschen und trocknen.
- Die Kirschtomaten abspülen und halbieren. Champignons putzen, kurz waschen und blättrig schneiden.
- Die Amaranthsprossen gut abspülen und mit Tomaten und Champignons vermischen.

- Für die Sauce Zwiebeln kleinschneiden und Schnittlauch hacken. Dann das Öl mit der Gemüsebrühe, dem Senf, den Zwiebeln und dem Schnittlauch glattrühren.
- Die Sauce mit Salz, Zucker und Pfeffer abschmecken und über den Salat geben.

Nährstoffgehalt pro Portion:

103 kcal / 429 kJ

4 g Eiweiß
6 g Fett
7 g Kohlenhydrate

Bunter Quinoasalat

Dieser leckere, sehr sättigende Quinoasalat ist fast schon eine kleine Hauptmahlzeit.

Zutaten für 4 Personen:
200 g Quinoa
ca. 1 l Wasser
1 TL Hefe-Gemüsebrühe-Extrakt
2 Stangen Lauch (300 g)
2 mittelgroße Mohrrüben (150 g)
1 Apfel
3 EL Rotweinessig
1 EL Senf
1 EL Honig
4 EL Sojasauce
Meersalz
40 g kaltgepreßtes Sesam- oder Sonnenblumenöl
2 EL Sesamsamen

Bei Verwendung von glutenfreiem Hefe-Gemüsebrühe-Extrakt, Senf und Rotweinessig sowie glutenfreier Sojasauce auch für Zöliakie-/Sprue-Betroffene geeignet

- Quinoa in kochendes Wasser geben und ca. 12 Minuten garen, dann mit Hefe-Gemüsebrühe-Extrakt würzen.
- Den Lauch und die Mohrrüben waschen, in dünne Streifen schneiden. Den Apfel vierteln, entkernen und ebenfalls kleinschneiden.

Nährstoffgehalt pro Portion:

355 kcal / 1492 kJ

11 g Eiweiß
16 g Fett
41 g Kohlenhydrate

- Essig, Senf, Honig, Sojasauce, Salz und Öl zu einer Sauce verrühren und mit den übrigen Zutaten vermischen.
- Den Salat etwa 1 Stunde durchziehen lassen und die ohne Fett gerösteten Sesamsamen zugeben.

▼ *Bunter Quinoasalat*

Quinoasalat mit Frühlingszwiebeln

Diesen Salat können Sie gut zu einem Picknick oder einer Grillfeier mitnehmen, da er sich einige Stunden frisch hält.

Zutaten für 4 Personen:
150 g Quinoa
400 ml Gemüsebrühe
3 Möhren (300 g)
4 Frühlingszwiebeln (120 g)
2 EL (Rotwein-)Essig
4 EL Sonnenblumenöl
1 TL Senf
1 TL Honig
1 Prise Jodsalz
Pfeffer

- Quinoa in der Gemüsebrühe ca. 20 Minuten kochen und etwas nachquellen lassen.
- Möhren und Frühlingszwiebeln in dünne Streifen schneiden und mit der abgekühlten Quinoamasse mischen.
- Für die Sauce Rotweinessig, Sonnenblumenöl, Senf und Honig kräftig miteinander verrühren. Mit Salz und ein wenig Pfeffer abschmecken und über den Salat geben.

Nährstoffgehalt
pro Portion:

253 kcal / 1061 kJ

7 g Eiweiß
12 g Fett
29 g Kohlenhydrate

Kamut-Schafskäse-Salat

Dieser Salat schmeckt sehr gut, wenn er einige Zeit durchgezogen ist.

Durch das volle Kamut-korn ist dieser Salat besonders ballaststoff-reich.

Zutaten für 4 Personen:

150 g Kamut

300 ml Gemüsebrühe

200 g Tomaten

100 g Schafskäse

2 Zwiebeln (60 g)

2 Frühlingszwiebeln (60 g)

4 EL Balsamicoessig

2 EL Sonnenblumenöl

Jodsalz

Pfeffer

1 Bund Schnittlauch

- Den Kamut über Nacht einweichen. Am nächsten Tag in der Gemüsebrühe ca. 30 Minuten garen, bis die Körner weich sind.
- Tomaten und Schafskäse würfeln. Zwiebeln in feine Würfel, Frühlingszwiebeln in kleine Ringe schneiden und alles miteinander vermischen.
- Den gegarten Kamut auskühlen lassen und zu den anderen Zutaten geben.
- Für die Sauce Balsamicoessig, Sonnenblumenöl, Salz und Pfeffer kräftig verrühren und über den Salat geben.
- Schnittlauch hacken und vor dem Servieren über den Salat streuen.

Nährstoffgehalt pro Portion:

238 kcal / 998 kJ

10 g Eiweiß
11 g Fett
26 g Kohlenhydrate

Zucchinisuppe mit Amaranth

Diese sehr leichte Suppe kann auch als Vorspeise serviert werden. Mit einem Salat und frischem Baguette läßt sich daraus eine vollwertige Mahlzeit machen.

Zutaten für 4 Personen:
4 EL Amaranth (60 g)
1 l Gemüsebrühe
2 Zwiebeln (60 g)
1–2 Knoblauchzehen
1 EL Olivenöl
600 g Zucchini
Jodsalz
Pfeffer
Muskat
2 EL (30 g) saure Sahne (10 % Fett)
1 Bund Schnittlauch

Bei Verwendung von glutenfreier Gemüse-brühe auch für Zöliakie-Patienten geeignet

- Den Amaranth waschen und in die Gemüsebrühe geben, aufkochen und bei geringer Energiezufuhr 30 Minuten mit geschlossenem Deckel garen.
- Zwiebeln fein hacken, Knoblauch pressen und beides in Olivenöl anbraten.
- Die Zucchini waschen, in dünne Scheiben schneiden und kurz mit andünsten.
- Das gedünstete Gemüse zu dem garen Amaranth geben und 10 Minuten köcheln lassen. Mit Salz, Pfeffer und ein wenig Muskat abschmecken.
- Auf jeden Teller vor dem Servieren 1 TL saure Sahne geben und mit dem gehackten Schnittlauch bestreuen.

Nährstoffgehalt pro Portion:

125 kcal / 521 kJ

6 g Eiweiß
6 g Fett
13 g Kohlenhydrate

Gemüseeintopf mit Kamut

Für diesen Gemüseeintopf eignen sich auch sehr gut andere Gemüsesorten wie z. B. grüne Bohnen oder Sellerie.

Die Lorbeerblätter in diesem Gericht verbessern nicht nur den Geschmack; sie regen wie alle aromatischen Gewürze den Appetit und damit auch die Verdauung an.

Zutaten für 4 Personen:
100 g Kamut
250 ml Gemüsebrühe
300 g Kartoffeln
200 g Mohrrüben
200 g Lauch
2 EL Sonnenblumenöl (20 g)
$1^1/_2$ *l Gemüsebrühe*
2 Lorbeerblätter
4 Nelken
4 Pfefferkörner
Jodsalz
frische Kräuter (Petersilie, Schnittlauch, Kerbel)

Nährstoffgehalt pro Portion:

167 kcal / 709 kJ

7 g Eiweiß
1 g Fett
31 g Kohlenhydrate

- Den Kamut über Nacht einweichen. Am nächsten Tag in der Gemüsebrühe ca. 30 Minuten garen, bis die Körner weich sind.
- Kartoffeln und Mohrrüben waschen, schälen und in Stücke schneiden. Lauch putzen, in Ringe schneiden.
- Gemüse und Kartoffeln in einem Topf in Sonnenblumenöl andünsten und mit der Brühe auffüllen. Lorbeerblätter, Nelken, Pfefferkörner dazugeben und aufkochen. Etwa 15–20 Minuten garen.
- Zum Schluß die Kamutkörner dazugeben. Eventuell mit noch etwas Brühe auffüllen.
- Mit Salz abschmecken und mit den gehackten, frischen Kräutern bestreuen.

▶ Gemüseeintopf mit Kamut

Schnelle Quinoa-Tomaten-Suppe

Bei Verwendung von glutenfreier Gemüse- brühe und glutenfreiem Parmesan auch für Zöliakie-Betroffene geeignet

Diese Suppe ist sehr schnell zubereitet. Noch rascher geht es, wenn Sie fertige Tomatenstücke aus der Dose verwenden.

Zutaten für 4 Personen:
500 g Tomaten
1 Zwiebel (40 g)
1 EL Sonnenblumenöl
50 g Quinoamehl
$^1/_2$ l Gemüsebrühe
Jodsalz
Pfeffer
2 EL Crème fraîche
2 EL Parmesan

● Die Tomaten kurz in kochendes Wasser geben und dann kreuzweise am Stielende einritzen, die Haut abschälen und den Stielansatz herausschneiden. Kerne eventuell entfernen und Tomatenfleisch fein würfeln.
● Die Zwiebel sehr fein hacken, in Öl anbräunen und die Tomatenstücke dazugeben. Alles kurz aufkochen.
● Nun das Quinoamehl einrühren und mit der Gemüsebrühe auffüllen.
● Mit Salz und Pfeffer abschmecken und alles ca. 5 Minuten köcheln lassen.
● Crème fraîche kurz vor dem Servieren darunterziehen und den Parmesan über die Suppe streuen.

Nährstoffgehalt pro Portion:

127 kcal / 530 kJ

5 g Eiweiß
6 g Fett
12 g Kohlenhydrate

Amaranthbratlinge

Diese knusprigen Bratlinge werden mit drei verschiedenen Dips – Mexico-Dip, Avocado-Dip und Chili-Dip (Rezepte folgen anschließend) – serviert.

Zutaten für 4 Personen:
150 g Amaranth
300 ml Gemüsebrühe
3 EL (Vollkorn-)Semmelbrösel
2 EL gehackte Haselnußkerne
3 EL Parmesan
1 Ei
Jodsalz
Pfeffer
4 Korianderkörner
2 EL Sonnenblumenöl

Sie können den Geschmack dieser Bratlinge variieren, indem Sie anstelle der Haselnüsse oder statt des Parmesans geriebenen Emmentaler nehmen.

Bei Verwendung von glutenfreier Gemüsebrühe, glutenfreien Semmelbröseln und glutenfreiem Parmesan auch für Zöliakie-Betroffene geeignet

- Amaranth waschen und in kochende Gemüsebrühe geben, aufkochen lassen und bei geringer Energiezufuhr 30 Minuten mit geschlossenem Deckel garen. Auf der ausgeschalteten Herdplatte die Amaranthkörner ohne Deckel noch 10 Minuten nachquellen lassen.
- Semmelbrösel, gehackte Haselnußkerne, Parmesan und das Ei mischen und mit Jodsalz und Pfeffer würzen. Die Korianderkörner zerreiben und unterrühren.
- Den gegarten Amaranth dazugeben, alles gut miteinander vermischen und 10 Minuten quellen lassen.
- Aus dem Teig acht flache Bratlinge formen und in dem Sonnenblumenöl von beiden Seiten knusprig anbraten.

Nährstoffgehalt pro Portion:
266 kcal / 1012 kJ
10 g Eiweiß
14 g Fett
22 g Kohlenhydrate

Mexico-Dip

Dieser Dip schmeckt auch sehr gut zu rohen Gemüse-streifen.

Bei Verwendung von glutenfreier Sojasauce auch für Zöliakie-Betroffene geeignet

Zutaten für 4 Personen:
300 g rote Paprikaschote
100 g grüne Paprikaschote
150 g Tomatenwürfel
100 g Zwiebel
1 Dose Litschis (250 g)
1 EL Sojasauce
200 ml Crème fraîche
200 ml saure Sahne (10 % Fett)
Jodsalz
Pfeffer

- Die rote und die grüne Paprikaschote kleinwürfeln.
- Die Tomaten ebenfalls würfeln und die gehackte Zwiebel mit der Paprika vermischen.
- Die Litschis mitsamt Saft pürieren.
- Sojasauce, Crème fraîche, saure Sahne und 0,2 l von der Litschisauce verrühren und mit Salz und Pfeffer abschmecken.
- Die Sauce und das gewürfelte Gemüse zusammen-geben und gut vermengen.

Nährstoffgehalt
pro Portion:

265 kcal / 1102 kJ

5 g Eiweiß
21 g Fett
15 g Kohlenhydrate

Avocado-Dip

Die Avocado ist eine sehr gesunde Frucht; sie ist reich an Vitamin B_1 und B_2 sowie Vitamin E, außerdem enthält sie sehr viel gesunde ungesättigte Fettsäuren.

◀ *Amaranth-Bratlinge mit Avocado- undMexi-co-Dip*

Glutenfrei

*Die Avocado ist reif ge-
nug, wenn die Schale
auf leichten Druck
nachgibt und der Kern
sich leicht aus dem
Fruchtfleisch lösen
läßt.*

**Nährstoffgehalt
pro Portion:**

471 kcal / 1941 kJ

6 g Eiweiß
48 g Fett
5 g Kohlenhydrate

Zutaten für 4 Personen:
300 ml Crème fraîche
300 ml saure Sahne (10 % Fett)
3 Avocados
1 Zitrone
Jodsalz
Pfeffer

● Crème fraîche und saure Sahne verrühren.
● Die Avocados der Länge nach am Kern entlang aufschneiden. Die Hälften gegeneinander drehen, bis sie sich lösen. Den Kern herauslösen und das Fruchtfleisch mit einem Löffel herauskratzen.
● Die Zitrone auspressen und mit dem Avocadofruchtfleisch pürieren.
● Das Püree mit der Crème-fraîche- / saure-Sahne-Mischung verrühren und mit Salz und Pfeffer abschmecken.

Chili-Dip

*Bei Verwendung von
Sago aus der Palme
glutenfrei*

Dieser Dip ist sehr fruchtig, aber durch das Paprikapulver auch schön scharf.

Zutaten für 4 Personen:
1 Dose Litschis (500 g)
10 g Sago
100 g rote Paprikaschote

100 g Pfirsiche aus der Dose
Paprikapulver (rosenscharf)
Jodsalz
Zucker
Cayennepfeffer

● Die Litschis mit dem Saft pürieren und in einem kleinen Topf zum Kochen bringen. Sago dazugeben
und kurz aufkochen, dann 10 Minuten quellen lassen.

● Die Paprikaschote fein würfeln
und unter die abgekühlte Litschi-
masse rühren.

● Die Pfirsiche ebenfalls pürieren
und dazugeben.

● Mit dem Paprikapulver, Salz,
Zucker und etwas Cayennepfeffer
abschmecken.

*Paprika gibt es in un-
terschiedlicher Würz-
kraft. Man unterschei-
det scharfen, Rosenpa-
prika, Delikateßpaprika
und edelsüßen Papri-
ka. Der scharfe und der
Rosenpaprika sind sehr
scharf, der Delikateß-
paprika etwas weniger,
und der edelsüße Pa-
prika ist am mildesten.*

**Nährstoffgehalt
pro Portion:**

118 kcal / 501 kJ

2 g Eiweiß
1 g Fett
27 g Kohlenhydrate

Kamutbratlinge

Diese leckeren Bratlinge können Sie auch
mit Käse belegen und im Ofen überbacken.

Zutaten für 8 Bratlinge:
50 g Kamut
150 ml Gemüsebrühe
150 g Kamutschrot
300 ml Gemüsebrühe
1 Zwiebel (40 g)
1 Stange Lauch (80 g)
1 Mohrrübe (60 g)

Wenn Sie es lieber et-
was knuspriger mögen,
können Sie die Bratlin-
ge vor dem Braten in
Paniermehl wenden.

2 El Sonnenblumenöl
2 Eier
1 Bund Petersilie
Jodsalz
Pfeffer

- Den Kamut über Nacht einweichen und am nächsten Tag in 150 ml Gemüsebrühe ca. 30 Minuten bei kleiner Hitze bißfest garen.
- Den Kamutschrot mit 300 ml Gemüsebrühe aufkochen und so lange unter Rühren kochen, bis die ganze Brühe aufgenommen ist und ein fester Brei entsteht. Den Brei beiseite stellen und abkühlen lassen.
- Zwiebel und Lauch fein schneiden und die Mohrrübe raspeln. Alles in 1 EL Öl kurz anbraten.
- Den gegarten Kamut, den abgekühlten Schrotbrei, das angebratene Gemüse und die Eier sehr gut miteinander vermengen. Petersilie hacken, daruntergeben und alles mit Salz und Pfeffer abschmecken.
- Mit feuchten Fingern kleine, runde Bratlinge formen und im restlichen Öl von beiden Seiten goldgelb backen.

Nährstoffgehalt
pro Portion:

252 kcal / 1059 kJ

10 g Eiweiß
9 g Fett
33 g Kohlenhydrate

Quinoabratlinge mit Frühlingszwiebeln

Bei Verwendung von
glutenfreier Gemüse-
brühe und glutenfreiem
Paniermehl auch für
Zöliakie-Betroffene ge-
eignet

Diese Bratlinge sind ein traditionelles Quinoagericht; in den Anden werden sie Albóndigas genannt.

Zutaten für 8 Bratlinge:
70 g Quinoa
200 ml Gemüsebrühe
1 Zwiebel (40 g)

74

2 Frühlingszwiebeln (60 g)
1 TL Sonnenblumenöl
2 EL Paniermehl
1 Ei
Jodsalz
Pfeffer
1 EL Sonnenblumenöl

- Quinoa gut waschen, mit der Gemüsebrühe aufkochen lassen und 20 Minuten bei ausgeschalteter Herdplatte garen lassen.
- Zwiebel kleinhacken, Frühlingszwiebeln in feine Ringe schneiden und in 1 TL Öl anbraten. Alles etwas auskühlen lassen.
- Die abgekühlte Quinoamasse mit den Zwiebeln und Frühlingszwiebeln vermischen. Paniermehl und das Ei dazugeben und gut verrühren. Mit Salz und Pfeffer würzen und Bratlinge formen. In 1 EL heißem Öl knusprig braun braten.

Wenn Sie mögen, können Sie den Bratlingen mit Knoblauch ein besonders apartes Aroma verleihen. Knoblauch senkt den Blutdruck und hemmt das Wachstum von Krankheitserregern im Verdauungstrakt.

Nährstoffgehalt pro Portion:

137 kcal / 574 kJ

5 g Eiweiß
6 g Fett
15 g Kohlenhydrate

Amaranth-Champignon-Auflauf

Hauptgerichte

Mit Blattsalat ergibt dieser Auflauf ein wohlschmeckendes Hauptgericht.

Zutaten für 4 Personen:
200 g Amaranth
400 ml Gemüsebrühe
1 Lorbeerblatt
2 mittelgroße Zwiebeln
20 g ungehärtete Pflanzenmargarine
300 g Champignons

Bei Verwendung von glutenfreier Margarine und Gemüsebrühe auch für Zöliakie-Betroffene geeignet

$^1/_2$ *Tasse Weißwein oder 2 EL Zitronensaft*
Meersalz
schwarzer Pfeffer aus der Mühle
1 Prise Thymian
2 Tomaten
3 Eier
100 ml Milch
100 ml süße Sahne
$^1/_2$ *Bund Schnittlauch*
Meersalz
2 EL Sesamsamen

- Amaranth in kochende Gemüsebrühe geben, dann das Lorbeerblatt zufügen. Brühe aufkochen lassen und bei geringer Energiezufuhr 30–35 Minuten garen.
- Die Zwiebeln würfeln und in heißem Fett leicht andünsten. Die geputzten und in Scheiben geschnittenen Champignons zugeben, ebenso Weißwein oder Zitronensaft und etwa 5 Minuten mitdünsten. Mit Meersalz, Pfeffer und Thymian abschmecken.
- Die Hälfte des Amaranths in eine gefettete Auflaufform geben und die Pilze darauf verteilen. Die Tomaten in dünne Scheiben schneiden und die Pilze damit belegen. Mit dem restlichen Amaranth abdecken.

Nährstoffgehalt pro Portion:

441 kcal / 1839 kJ

17 g Eiweiß
27 g Fett
33 g Kohlenhydrate

- Eier, Milch und Sahne gut miteinander verquirlen, mit gehacktem Schnittlauch und Meersalz abschmecken und die Eiermasse über den Auflauf gießen.
- Das Gericht mit Sesam bestreuen und im vorgeheizten Backofen bei 180–200 °C 35–40 Minuten backen.

▲ *Amaranth-Champig-non-Auflauf*

Kamut-Reis-Pfanne

Für dieses sehr schmackhafte Gericht können Sie – je nach Jahreszeit – auch anderes Gemüse verwenden.

Zutaten für 4 Personen:
100 g Kamut
100 g Naturreis
500 ml Gemüsebrühe
1 EL Sonnenblumenöl
2 Zwiebeln (60 g)
200 g Lauch
200 g Mohrrüben
150 g Mais
4 EL saure Sahne (60 g)
100 g Schafskäse
Jodsalz, Pfeffer
1 Bund Schnittlauch

Nach wie vor ist Deutschland ein Jod-mangelgebiet. Durch die Verwendung von jodiertem Speisesalz können Sie Ihre tägli-che Jodzufuhr verbes-sern.

● Kamut über Nacht einweichen. Am nächsten Tag den gequollenen Kamut mit dem Vollkornreis in der Gemüsebrühe ca. 30 Minuten garen.

● Öl in einer Pfanne erhitzen und die gewürfelten Zwiebeln anbraten. Lauch und Mohrrüben in kleine Stücke schneiden und kurz mitbraten, dann mit etwas Brühe aufgießen. Mit geschlossenem Deckel etwa 10 Minuten alles bißfest garen.

● Gegarten Kamut, Reis, Mais und saure Sahne dazugeben und erhitzen.

● Den in Stücke geschnittenen Schafskäse hinzufügen, mit Salz und Pfeffer würzen und alles so lange erhitzen, bis der Schafskäse leicht anfängt zu schmelzen.

● Den Schnittlauch kleinschneiden und vor dem Servieren über die Kamut-Reis-Pfanne streuen.

Nährstoffgehalt pro Portion:

329 kcal / 1385 kJ

13 g Eiweiß
11 g Fett
46 g Kohlenhydrate

Amaranth mit Bergkäse und Petersilie

Bei Verwendung von glutenfreier Gemüsebrühe und glutenfreiem Käse auch für Zöliakie-Patienten geeignet

Diese Beilage ergibt, ergänzt mit einem Frischkostteller, ein leckeres Hauptgericht.

Zutaten für 4 Personen:

250 g Amaranth
600 ml Gemüsebrühe
1 mittelgroße Zwiebel
2 Mohrrüben
1 Knoblauchzehe
5 EL geriebener Bergkäse (oder ein anderer kräftig schmeckender Schnittkäse)
$^1/_2$ Bund glatte Petersilie
40 g Butter

- Amaranth in kochende Gemüsebrühe geben, aufkochen lassen und etwa 30 Minuten garen.
- In der Zwischenzeit die Zwiebeln und die Mohrrüben kleinwürfeln. Die Knoblauchzehe zerdrücken, zugeben und nochmals etwa 15–20 Minuten bei geringer Energiezufuhr kochen.
- Die Hälfte des Käses und die geschnittene Petersilie unterrühren. Auf vorgewärmte Teller geben, mit dem restlichen Käse bestreuen und mit Butterflöckchen garnieren.

Nährstoffgehalt pro Portion:

370 kcal / 1547 kJ

14 g Eiweiß
18 g Fett
38 g Kohlenhydrate

Quinoagemüse mit Putenfleisch

Die Zubereitungszeit dieses Gerichtes beträgt etwa 40 Minuten.

Bei Verwendung von glutenfreier Gemüsebrühe auch für Zöliakie-Patienten geeignet

Zutaten für 4 Personen:

150 g Knollensellerie

250 g Zucchini

200 g Tomaten

1 EL Sonnenblumenöl

150 g Quinoa

300 ml Gemüsebrühe

2 Putenschnitzel (je etwa 125 g)

Jodsalz

Pfeffer

1 Bund Petersilie

- Den Sellerie und die Zucchini putzen und in kleine Würfel schneiden. Tomaten waschen und ebenfalls kleinwürfeln.
- Öl in einem Topf erhitzen, Sellerie- und Zucchiniwürfel darin andünsten.

79

- Quinoa waschen und unter das Gemüse rühren, mit der Gemüsebrühe angießen. Das Gemüse mit der Quinoa 10 Minuten zugedeckt bei kleiner Hitze garen.

Nährstoffgehalt pro Portion:

280 kcal / 1181 kJ

26 g Eiweiß
8 g Fett
26 g Kohlenhydrate

- Tomatenwürfel dazugeben und weitere 10 Minuten schmoren lassen.
- Die Putenschnitzel in mundgerechte Stücke schneiden, mit Salz und Pfeffer würzen und zusammen mit dem Quinoagemüse 10 Minuten mit Deckel garen.
- Petersilie waschen und fein hacken. Vor dem Servieren über dem Gericht verteilen.

Quinoa-Champignon-Omelett

Glutenfrei

Probieren Sie dieses leichte Omelette auch einmal mit Pfifferlingen anstelle der Champignons.

Zutaten für 4 Personen:
4 Eier
100 ml fettarme Milch
100 g Quinoamehl
200 g Champignons
1 Bund Schnittlauch
Jodsalz
Pfeffer
1 EL Sonnenblumenöl

Nährstoffgehalt pro Portion:

206 kcal / 861 kJ

12 g Eiweiß
10 g Fett
17 g Kohlenhydrate

- Eier und Milch mit dem Quinoamehl gut verquirlen.
- Champignons blättrig und Schnittlauch in Röllchen schneiden und dazugeben.
- Die Eimasse mit Salz und Pfeffer würzen und in Öl 4 Omeletts ausbacken.

Quinoa-Lauch-Auflauf

Für diesen Auflauf können Sie statt der gerösteten Sonnenblumenkerne auch geröstete Sesamsamen oder Pinienkerne verwenden.

Bei Verwendung von glutenfreier Gemüsebrühe und glutenfreien Hefeflocken auch für Zöliakie-Betroffene geeignet

Zutaten für 4 Personen:

150 g Quinoa

350 ml Gemüsebrühe aus Extrakt

30 g Sonnenblumenkerne

1 Bund Lauch

Salzwasser

Fett für die Form

2–3 Eier

1 Becher Crème fraîche

Hefestreuwürze

etwas Paprikapulver

Muskatnuß, frisch gerieben

40 g geriebener Käse

- Quinoa in kochende Gemüsebrühe geben und bei geringer Energiezufuhr etwa 15 Minuten garen.
- In der Zwischenzeit die Sonnenblumenkerne ohne Fett leicht anrösten.
- Den Lauch in etwa 2 cm dicke Ringe schneiden. In kochendem Salzwasser 1–2 Minuten blanchieren. Abtropfen lassen.
- Quinoa, Sonnenblumenkerne und Lauch mischen und in eine gefettete Auflaufform füllen.
- Die Eier mit Crème fraîche und den Gewürzen verrühren. Über den Auflauf gießen. Zum Schluß das Gericht mit geriebenem Käse bestreuen und im vorgeheizten Backofen bei 200 °C etwa 30 Minuten überbacken.

Nährstoffgehalt pro Portion:

436 kcal / 1822 kJ

18 g Eiweiß
27 g Fett
30 g Kohlenhydrate

Paprika mit Amaranth-Füllung

Wenn man die Menge der Zutaten verdoppelt, wird aus dieser leckeren Vorspeise ein sättigendes Hauptgericht.

Zutaten für 4 Personen:
4 rote Paprikaschoten
2 EL Erbsen
Hefestreuwürze
125 g Amaranth
250 ml Gemüsebrühe aus Extrakt
Meersalz
schwarzer Pfeffer aus der Mühle
1 Prise Schabzigerklee (Reformhaus)
100 g milder Schafskäse
1 Tasse Gemüsebrühe
5 EL Sahne

Bei Verwendung von glutenfreien Hefeflocken und glutenfreiem Gemüsebrühe-Extrakt auch für Zöliakie-Betroffene geeignet

- Von den Paprikaschoten die Deckel abschneiden. Die Kerne entfernen und die Paprika in kochendem Salzwasser etwa 5 Minuten blanchieren. Die Deckel der Schoten und die Erbsen mitblanchieren. Abtropfen lassen und mit Hefestreuwürze würzen.
- Amaranth in kochende Gemüsebrühe geben und etwa 20–25 Minuten garen, dann mit Salz, Pfeffer und Schabzigerklee würzen.
- Die Paprikadeckel in Würfel schneiden und zusammen mit den Erbsen und dem Schafskäse unter den Amaranth mischen.
- Die Masse in die Paprikaschoten füllen. In eine gefettete, feuerfeste Form setzen, mit der Gemüsebrühe angießen und etwa 30 Minuten überbacken.

Bei Verwendung von glutenfreiem Schafskäse auch für Zöliakie-Betroffene geeignet

Nährstoffgehalt pro Portion:

274 kcal / 1152 kJ

12 g Eiweiß
11 g Fett
32 g Kohlenhydrate

Quinoa-Palatschinken mit Zucchinifüllung

Die gerösteten Kürbiskerne verleihen diesem Palatschinken ein besonders würziges, apartes Aroma.

Zutaten für 4 Personen:
250 g Quinoa
4 Eier
ca. 350 ml Milch
Salz
1 kg Zucchini
ungehärtetes Kokosfett zum Backen und Braten
2 EL Kürbiskerne
150 g Kräuter-Frischkäse
1 Knoblauchzehe
Pfeffer aus der Mühle
Fett für die Form
250 g Kirschtomaten
150 g Mozzarella

Statt Zucchinis können Sie auch Rondinis oder Squash verwenden.

Bei Verwendung von glutenfreiem Kräuter-Frischkäse und Mozzarella auch für Zöliakie-Betroffene geeignet.

- Die Quinoa in der Getreidemühle fein mahlen, dann mit den Eiern und so viel Milch verschlagen, bis ein dünnflüssiger Teig entsteht. Den Teig salzen, dann 15 Minuten quellen lassen.
- Die Zucchini waschen, die Enden abschneiden und die Früchte grob reiben. Die Zucchini in eine Pfanne geben und so lange unter Rühren in Kokosfett braten, bis sie ziemlich trocken sind (etwa 8 Minuten).
- Dann die Kürbiskerne dazugeben und ebenfalls unter Rühren anrösten.
- Aus dem Palatschinken-Teig in dem heißen Kokosfett 8 dünne Pfannkuchen backen.

- Die Zucchini mit dem Frischkäse und der zerdrückten Knoblauchzehe verrühren, mit Salz und Pfeffer abschmecken.
- Eine große, flache Auflaufform fetten. Die Pfannkuchen mit der Zucchinimasse füllen und in die Form legen.
- Die Tomaten waschen, in Scheibchen schneiden und auf den Pfannkuchen verteilen.
- Den Mozzarella in Streifen schneiden und auf die Tomaten legen.
- Die Palatschinken in den vorgeheizten Ofen schieben und bei 200 °C 15 Minuten backen.

Nährstoffgehalt pro Portion:

581 kcal / 2435 kJ

33 g Eiweiß
27 g Fett
50 g Kohlenhydrate

Gefüllte Amaranth-Buchweizen-Pfannkuchen

Vegetarier können bei diesem Gericht auf die Hackfleischfüllung verzichten und dafür entsprechend mehr Pilze verwenden.

Zutaten für 4 Personen:
60 g Buchweizenmehl
60 g Amaranthmehl
2 Eier
$^{1}/_{2}$ TL Jodsalz
200 ml Mineralwasser
1 EL Sonnenblumenöl
2 Zwiebeln (60 g)
400 g gemischtes Hackfleisch
200 g Champignons
Jodsalz
Pfeffer

3 EL Crème fraîche (50 g)
1 Bund Petersilie
1 EL Sonnenblumenöl

● Buchweizen- und Amaranthmehl in eine Schüssel geben. Eier, Salz und Mineralwasser dazugeben und alles gut verquirlen. Diesen Pfannkuchenteig zugedeckt etwa 30 Minuten quellen lassen.
● Die Zwiebeln hacken, 1 EL Öl in einer Pfanne erhitzen und die Zwiebelwürfel darin glasig dünsten. Das Hackfleisch dazugeben und mitbraten.
● Die Pilze putzen und blättrig schneiden, zu dem Fleisch geben und kurz mitbraten.

Nährstoffgehalt pro Portion:

409 kcal / 1707 kJ

29 g Eiweiß
23 g Fett
20 g Kohlenhydrate

● Mit Jodsalz, Pfeffer und Crème fraîche abschmecken.
● Petersilie waschen, hacken und darüber streuen.
● Aus dem Pfannkuchenteig vier Pfannkuchen in dem zweiten Eßlöffel Sonnenblumenöl backen, die Fleischfüllung auf die Hälfte der Pfannkuchen geben, die andere Hälfte darüber schlagen und heiß servieren.

Quinoaterrine

Bei Verwendung von glutenfreiem Schafskäse auch für Zöliakie-Betroffene geeignet

Diese Terrine kann sowohl heiß als auch lauwarm gegessen werden.

Zutaten für 4 Personen:
150 g Quinoa
350 ml Sauerkrautsaft (Reformhaus)
2 Fleischtomaten
1 Mangold
Salz
100 g Schafskäse
100 g Sauerrahm (10 % Fett)
2 Eier
1 Bund Basilikum

Sauerkrautsaft ist sehr gesund, da er viele Vitamine enthält (B, C, K).

- Die Quinoa im Topf trocken anwärmen, mit Sauerkrautsaft angießen und bei kleiner Hitze 15 Minuten quellen lassen.
- Inzwischen die Tomaten mit kochendheißem Wasser überbrühen. Sobald die Haut reißt, herausheben und abziehen. Die Kerne entfernen und das Fruchtfleisch in Würfel schneiden.
- Die Mangoldblätter vom Strunk brechen und waschen. Die Stiele herausschneiden und die Blätter in kochendem Salzwasser blanchieren. Dann abtropfen lassen.
- Eine kleine Kastenform mit Mangoldblättern auslegen und diese andrücken.
- Den Schafskäse mit Sauerrahm, Eiern und den abgezupften Basilikumblättchen mit dem Pürierstab fein zermusen, dann die Quinoa unterheben.
- Die Masse in die vorbereitete Form füllen und fest

andrücken, damit keine Luftblasen entstehen. Mit den übrigen Mangoldblättern abdecken und eine Alufolie über die Form spannen (blanke Seite nach innen).

● Die Kastenform im vorgeheizten Backofen bei 180 °C etwa 50 Minuten garen. In der Form 10 Minuten ruhen lassen, dann stürzen.

Nährstoffgehalt pro Portion:

288 kcal / 1209 kJ

16 g Eiweiß
12 g Fett
29 g Kohlenhydrate

Fischpfanne mit Kamutgemüse

Diese Fischpfanne ist ein leichtes Sommergericht. Ein frischer gemischter Salat ist die ideale Ergänzung dazu.

Zutaten für 4 Personen:
200 g Kamut
100 g Mohrrübe
100 g Lauch
$^{1}/_{2}$ l Gemüsebrühe
4 Rotbarschfilets (je 150 g)
Zitronensaft
2 Zwiebeln (60 g)
400 g Tomaten
300 g Zucchini
2 EL Olivenöl
Jodsalz
Pfeffer
Oregano

Sie können auch anderen Fisch für dieses Gericht nehmen, z. B. Seelachs oder Lengfisch.

- Kamut über Nacht einweichen. Am nächsten Tag den gequollenen Kamut mit den kleingeschnittenen Mohrrüben und dem ebenfalls zerkleinerten Lauch in der Gemüsebrühe ca. 30 Minuten garen.
- Die Rotbarschfilets waschen, trocknen, mit Zitrone beträufeln und zur Seite stellen.
- Zwiebeln hacken, Tomaten und Zucchini in Stücke schneiden und im Olivenöl andünsten. Mit Salz, Pfeffer und Oregano würzen.
- Die Fischfilets auf das Gemüse legen und ca. 10 Minuten mitgaren. Kamutgemüse und Fischpfanne zusammen servieren.

Nährstoffgehalt pro Portion:

408 kcal / 1720 kJ

37 g Eiweiß
12 g Fett
38 g Kohlenhydrate

Seelachs mit Amaranthcurrysauce

Das Grundrezept dieser Amaranthsauce können Sie sehr vielseitig variieren. Zum Beispiel ohne Curry als Bechamelsauce für Lasagne oder als Kräutersauce mit vielen frischen Kräutern. Da das Amaranthmehl der Sauce einen stärkeren Eigengeschmack gibt als normales Mehl, muß diese Sauce etwas kräftiger gewürzt werden.

Glutenfrei

Zutaten für 4 Personen:
25 g Butter
1 Zwiebel (40 g)
20 g Mehl aus gepoppten Amaranthkörnern
250 ml fettarme Milch
Jodsalz
Pfeffer
Curry
4 Seelachsfilets (je 150 g)
Zitronensaft
2 Zwiebeln (60 g)
250 g Äpfel
200 g Banane
1 EL Sonnenblumenöl

Die Amaranthkörner kann man selbst in einer kleinen Kaffeemühle mahlen (siehe Seite 50).

- Butter in einem Topf erhitzen und die kleingeschnittenen Zwiebeln darin glasig dünsten. Etwas von dem Mehl darunterrühren, bis die ganze Butter aufgenommen ist.
- Milch dazugeben und eine glatte, helle Sauce rühren. Das restliche Mehl darunterrühren und kurz aufkochen lassen.
- Die Soße mit Salz, Pfeffer und Curry würzen und zur Seite stellen.

● Die Seelachsfilets abspülen, abtrocknen und mit Zitrone beträufeln. Filets in mundgerechte Stücke schneiden und ebenfalls beiseite stellen.

● Zwiebeln und Äpfel würfeln und die Bananen in Scheiben schneiden.

● Das Öl in einer Pfanne erhitzen und die Zwiebeln darin anbraten. Fischstücke dazugeben und langsam garen lassen. Aufpassen, daß der Fisch nicht zerfällt.

● Äpfel und Bananen dazugeben und kurz mitgaren.

● Die Amaranthcurrysauce über den Fisch geben und alles zusammen noch einmal aufkochen lassen. Mit Naturreis servieren.

Nährstoffgehalt pro Portion:

313 kcal / 1316 kJ

29 g Eiweiß
11 g Fett
24 g Kohlenhydrate

Desserts

Crêpes mit Kamut

Diese Crêpes schmecken mit einer süßen Füllung sehr gut als Dessert. Als Füllung eignen sich Fruchtpürees, Honig, Ahornsirup oder Marmelade und Gelees. Füllen Sie die Crêpes ganz nach Belieben und rollen Sie sie auf, oder falten Sie sie zu Vierteln.

Sie können die Crêpes auch ausschließlich mit Kamutmehl zubereiten; dann ist dieses Gericht auch für Weizenmehlallergiker geeignet.

Zutaten für 4 Personen:
2 Eier
200 ml fettarme Milch
1 Prise Salz
50 g Kamutmehl
50 g Weizenmehl
2 EL Sonnenblumenöl

● Die Eier kurz durchschlagen und gut mit der Milch verrühren. Salz und Mehl dazugeben und unterrühren. 10 Minuten ruhen lassen, nochmals durchrühren.

- Eine kleine beschichtete Pfanne erhitzen, mit Öl ausstreichen und etwas Teig hineingeben. Nicht zuviel, denn die Crêpes sollen ja schön dünn werden. Schwenken Sie die Pfanne hin und her, damit sich der Teig gleichmäßig verteilt.
- Wenn die Unterseite leicht angebräunt ist, wenden und auf der anderen Seite fertigbacken.
- Auf diese Weise den ganzen Teig backen.

Nährstoffgehalt
pro Portion:

189 kcal / 793 kJ

7 g Eiweiß
9 g Fett
20 g Kohlenhydrate

Joghurt-Amaranth-Becher

Dieses Dessert läßt sich auch gut mit anderen frischen Früchten zubereiten. Probieren Sie einmal Weintrauben, Aprikosen, Pfirsiche oder frische Kirschen aus.

Glutenfrei

Zutaten für 4 Personen:
500 g fettarmer Joghurt natur
2 EL Honig
Zitronensaft
600 g Erdbeeren
4 EL gepoppte Amaranthkörner (10 g)
$^{1}/_{8}$ l Sahne, geschlagen

Wenn keine frischen Früchte zur Verfügung stehen, können Sie diese fruchtige Speise auch mit tiefgefrorenem Obst zubereiten.

- Joghurt mit Honig glattrühren und nach Belieben Zitronensaft dazugeben.
- Die Hälfte der Erdbeeren pürieren und unter den Joghurt ziehen. Die andere Hälfte vierteln und ebenfalls unterrühren. Einige Früchte zum Verzieren beiseite legen.
- Gepoppte Amaranthkörner und geschlagene Sahne vorsichtig unter die Creme heben und in vier Schälchen füllen.

Nährstoffgehalt
pro Portion:

231 kcal / 969 kJ

7 g Eiweiß
13 g Fett
22 g Kohlenhydrate

● Die Creme 10 Minuten kalt stellen und vor dem Servieren mit den zurückgelegten Erdbeeren dekorieren.

Alegría

Schon die Inkas und Azteken poppten Amaranthkörner und bereiteten dieses süße Konfekt daraus zu. Diese Köstlichkeit können Sie mit gehackten Haselnüssen, Walnüssen, Sonnenblumenkernen, aber auch mit Rosinen oder anderen kleingeschnittenen Trockenfrüchten verfeinern. Einfach zum Schluß darunterrühren und wie im Rezept weiterverfahren.

Glutenfrei

Zutaten für 4 Portionen:
8 EL Honig
4 EL Butter
100 g gepoppte Amaranthkörner
2 EL getrocknete Aprikosen
2 EL fein gehackte Mandeln

● Honig und Butter vermischen und unter Rühren bei mittlerer Hitze kochen, bis die Masse goldbraun wird.
● Gepoppte Amaranthkörner mit dem Holzlöffel hineinrühren.
● Getrocknete Aprikosen in kleine Stücke schneiden und mit den gehackten Mandeln unter die Masse rühren.
● Eine kleine, flache Form mit Pergamentpapier auslegen, die Mischung hineindrücken und im Kühlschrank fest werden lassen.
● Nach dem Abkühlen in Stücke brechen und servieren.

Nährstoffgehalt
pro Portion:

128 kcal / 535 kJ

2 g Eiweiß
7 g Fett
15 g Kohlenhydrate

Quinoa-Pfirsich-Auflauf

Man kann diesen Auflauf als süße Hauptspeise servieren, aber auch als fruchtiges Dessert.

In diesem Gericht schmecken frische Pfirsiche sehr gut, es können aber auch Pfirsiche aus der Dose genommen werden. Bei Verwendung frischer Pfirsiche oder gluten-freier Dosenpfirsiche ist dieses Rezept für Zöliakie-Betroffene ge-eignet.

Zutaten für 4 Personen:

200 g Quinoa
$^1/_2$ l fettarme Milch
3 EL Honig
1 TL Zitronensaft
2 Eiweiß
1 Eigelb
800 g Pfirsiche

- Quinoa gut abwaschen und abtropfen lassen. In der Milch aufkochen lassen und mit halboffenem Deckel bei geringer Hitze 30 Minuten gar kochen.
- Honig und Zitronensaft unter die noch warme Quinoamasse rühren und erkalten lassen. Dann die steif geschlagenen Eiweiß unterheben.
- Eine Auflaufform mit etwas Butter ausstreichen und die Pfirsichhälften hineinlegen. Die Quinoamasse über die Pfirsiche geben und mit dem verquirlten Eigelb leicht bestreichen.
- Im vorgeheizten Backofen bei 200 °C 20 Minuten backen. Wenn die Oberfläche zu schnell dunkel wird, mit etwas Alufolie abdecken.

Nährstoffgehalt pro Portion:

423 kcal / 1788 kJ

14 g Eiweiß
7 g Fett
75 g Kohlenhydrate

Kirsch-Quark-Auflauf mit Pito

Pito ist eine alte, traditionelle Form der Zubereitung von Quinoa: Mehl aus gerösteten Quinoasamen. Man kann es

selbst herstellen, indem man Quinoa röstet und die Körner anschließend in einer Kaffeemühle mahlt (siehe
Seite 50). Durch die Zugabe von Pito bekommt dieses Dessert eine ganz spezielle Note.

Bei Verwendung von glutenfreier Stärke und glutenfreiem Backpulver auch für Zöliakie-Betroffene geeignet

Zutaten für 4 Personen:
60 g Quinoa
200 ml Wasser
250 g Magerquark
80 g Zucker
2 Eigelb
1 EL Pito
1 EL Speisestärke
1 TL Backpulver
2 Eiweiß
500 g Kirschen aus dem Glas
1 TL Zimt
2 EL Zucker

Anstelle der Kirschen können Sie diesen Auflauf auch mit Äpfeln und Rosinen verfeinern.

- Quinoa gut waschen und mit dem Wasser aufkochen. Bei ausgeschalteter Herdplatte 20 Minuten garen.
- Die etwas ausgekühlte Quinoamasse mit Quark, Zucker und Eigelb verrühren.
- Pito, Speisestärke und Backpulver trocken miteinander vermengen, zu der Quinoa-Quark-Masse geben und untermischen.
- Eiweiß zu Eischnee schlagen und vorsichtig unterheben. Alles in eine leicht gefettete Auflaufform geben und mit den Kirschen belegen, dann bei 180 °C 45 Minuten backen.
- Zimt und Zucker mischen und vor dem Servieren über den Auflauf streuen.

Nährstoffgehalt
pro Portion:

345 kcal / 1459 kJ

14 g Eiweiß
4 g Fett
63 g Kohlenhydrate

Amaranth-Aprikosen-Dessert

Glutenfrei

Zutaten für 4 Personen:
120 g Amaranth
1 Prise Meersalz
250 ml Milch
250 g frische Aprikosen (oder 100 g Trockenaprikosen)
2 EL Zitronensaft
1 Prise echte Vanille (Reformhaus)
1–2 EL Honig, z. B. Linde, Akazie
2 EL Mandelstifte, ohne Fett angeröstet
100 ml süße Sahne

- Amaranth mit Meersalz in die kochende Milch geben, aufkochen lassen und bei geringer Enrgiezufuhr etwa 35 Minuten garen.
- In der Zwischenzeit die frischen Aprikosen kurz in kochendes Wasser tauchen, schälen und würfeln. Trockenaprikosen in Wasser einweichen und nach dem Garen und Erkalten des Amaranths ausdrücken, würfeln und zugeben.
- Amaranth mit Zitronensaft, Vanille und Honig abschmecken, dann erkalten lassen.
- Die Mandelstifte zugeben. Die Sahne steif schlagen und zusammen mit den Aprikosenstückchen vorsichtig unter das Dessert rühren. Kalt servieren.

Nährstoffgehalt pro Portion:

309 kcal / 1291 kJ

8 g Eiweiß
17 g Fett
30 g Kohlenhydrate

Brote und Brötchen

Sonnenblumen-Körner-Brot mit Amaranth

Das ist ein sehr leckeres, helles, glutenfreies Brot. Durch die gepoppten Amaranthkörner wird es wunderbar leicht und locker. Lassen Sie das Brot vor dem Verzehr gut auskühlen.

Glutenfrei

Zutaten für eine Kastenform von 24 cm Länge:
300 g glutenfreie Mehlmischung für Brot
50 g Amaranthmehl
3 EL gepoppte Amaranthkörner (ca. 10 g)
100 g Sonnenblumenkerne
1 TL Jodsalz
1 EL Sonnenblumenöl
30 g frische Hefe
1 Prise Zucker
500 ml lauwarmes Wasser
Sonnenblumenkerne zum Ausstreuen der Form

● Glutenfreie Mehlmischung, Amaranthmehl, gepoppte Amaranthkörner, Sonnenblumenkerne und Salz gut verrühren. Öl dazugeben.

● Die Hefe mit dem Zucker im lauwarmen Wasser auflösen und zu der Mehlmischung geben. Alles mit einem Handrührgerät vermischen.

● Teig 10 Minuten quellen lassen und noch einmal kräftig durchrühren.

● Den Boden einer gefetteten Kastenform leicht mit Sonnenblumenkernen ausstreuen und den Teig mit einem Teigschaber einfüllen. Im vorgeheizten Backofen bei 210 °C 60 Minuten backen. Wenn das Brot zu schnell dunkel wird, decken Sie es mit Alufolie ab.

● Das fertige Brot zum Auskühlen auf ein Gitter setzen und, solange es noch heiß ist, mit etwas Wasser bestreichen, damit es eine schöne, glänzende Farbe bekommt.

**Nährstoffgehalt
pro Scheibe
(je 50 g)**

122 kcal / 515 kJ

3 g Eiweiß
4 g Fett
18 g Kohlenhydrate

Amaranthkörner-Brot

Wenn Sie ein größeres Brot backen wollen, verdoppeln Sie die Zutaten und nehmen eine Kastenform von 32 cm Länge.

*Zutaten für eine Kastenform von 24 cm Länge
(ergibt ca. 12 Scheiben je 40 g):*
200 g Weizenmehl (Typ 405)
50 g Weizenvollkornmehl
100 g Amaranthmehl
1 TL Kräutersalz
$^1/_2$ TL Jodsalz
200 ml lauwarmes Wasser
$^1/_2$ Würfel frische Hefe (21 g)
$^1/_2$ TL Honig
1 EL Sonnenblumenkerne
1 EL Leinsamen
1 EL Sesam
Leinsamen zum Ausstreuen der Form
Mehl zum Bestäuben des Brotes

● Weizenmehl, Weizenvollkornmehl, Amaranthmehl, Kräutersalz und Jodsalz mischen.
● Lauwarmes Wasser, Hefe und Honig solange gut verrühren, bis sich die Hefe vollständig aufgelöst hat.

Um festzustellen, ob Ihr Brot fertig ist, klopfen Sie mit einem Holzlöffel gegen die Unterseite. Wenn es dumpf und hohl klingt, ist das Brot fertig.

Nährstoffgehalt pro Portion:

113 kcal / 477 kJ

4 g Eiweiß
2 g Fett
20 g Kohlenhydrate

- Sonnenblumenkerne, Leinsamen, Sesam und die Hefe zu der Mehlmischung geben und zu einem lockeren Teig kneten. Den Teig zugedeckt an einem warmen Ort 30 Minuten gehen lassen, danach noch einmal kräftig durchkneten und einen länglichen Brotlaib formen.
- Den Boden der leicht gefetteten Form mit Leinsamen ausstreuen und den Brotlaib hineinsetzen. Das Brot mit einem scharfen Messer diagonal ca. $^1/_2$ cm tief einschneiden und leicht mit Mehl bestäuben, dann abgedeckt noch etwa 15–30 Minuten gehen lassen.
- Den Backofen auf 175 °C vorheizen und das Brot 45 Minuten backen. Wenn es zu schnell dunkel wird, mit Alufolie abdecken.
- Das fertige Brot aus dem Ofen nehmen und zum Auskühlen auf ein Gitter stürzen.

Haselnußbrot mit Quinoa

Dieses Brot schmeckt frisch am besten. Sehr gut paßt dazu herzhafter Käse, aber auch süße Brotaufstriche wie Honig schmecken herrlich auf dem frischen Brot.

Zutaten für ein Brot von ca. 500 g:
100 ml fettarme Milch
$^1/_2$ Würfel Hefe (21 g)
1 TL Honig
1 Ei
10 g Butter
40 g Quinoamehl
250 g Weizenmehl
1 Prise Salz
100 g Haselnüsse

- Erwärmen Sie die Milch leicht und rühren Sie Hefe und Honig hinein, bis die Hefe sich vollständig aufgelöst hat.
- Ei mit Butter gut verrühren, Quinoamehl, Weizenmehl, Salz, Haselnüsse und Hefemilch dazugeben und alles gut miteinander verkneten.
- Den Teig etwa 1 Stunde gehen lassen, bis er sich sichtbar vergrößert hat. Danach noch einmal durchkneten.
- Einen länglichen Laib formen und den Teig mit einem scharfen Messer längs einschneiden. Auf ein Blech mit Backpapier legen und noch einmal gehen lassen, bis der Teig oben einreißt.
- Bei 175 °C 50 Minuten backen. (Decken Sie das Brot mit Alufolie ab, wenn es zu schnell dunkel wird.)
- Pro Portion: 153 kcal 643 kJ 5 g EW 7 g F 18 g KH

Sie können das Brot auch in einer Kastenform von 24 cm Länge backen.

Nährstoffgehalt
pro Portion:

153 kcal / 643 kJ

5 g Eiweiß
7 g Fett
18 g Kohlenhydrate

Kamutbrot mit Sprossen

Dieses wunderbar milde Brot ist sehr gut für Weizenallergiker geeignet, da es ausschließlich mit Kamutmehl gebacken wird. Wenn Sie keine Kamutsprossen haben, lassen Sie sie einfach weg, dieses Brot ist auch ohne sie ein Genuß.

Zutaten für eine Kastenform von 24 cm Länge:
400 g Kamutmehl
1 TL Kräutersalz
$^1/_2$ TL Jodsalz
$^1/_2$ Würfel frische Hefe (21 g)
1 TL Honig
300 ml lauwarmes Wasser
4 EL Kamutsprossen
Haferflocken zum Ausstreuen der Form

Wenn Sie keine frische Hefe im Haus haben, nehmen Sie statt dessen die entsprechende Menge Trockenhefe. Beachten Sie dabei die Beschreibung auf der Packung.

- Kamutmehl, Kräutersalz und Jodsalz miteinander vermischen.
- Hefe mit dem Honig und dem Wasser verrühren, bis sich die Hefe vollständig aufgelöst hat. Hefe und Kamutsprossen zum Mehl geben und alles gut verkneten.
- Den Teig gehen lassen, bis er sich sichtbar vergrößert hat.
- Den Boden einer gefetteten Kastenform leicht mit Haferflocken ausstreuen. Den gegangenen Teig noch einmal kneten und in die Kastenform geben, mit einem scharfen Messer kreuzweise einschneiden und in der Form noch einmal gehen lassen.
- Das Brot bei 175 °C 45 Minuten backen. Wenn es zu schnell dunkel wird, decken Sie es mit Alufolie ab.

Nährstoffgehalt pro Portion:

106 kcal / 448 kJ

4 g Eiweiß
1 g Fett
21 g Kohlenhydrate

Quarkbrötchen mit Quinoa

Diese frischen Brötchen lassen sich sehr schnell zubereiten und erhalten durch das Quinoamehl einen leicht nussigen Geschmack.

Diese Brötchen gelingen auch sehr gut mit Weizenvollkornmehl – dann müssen Sie allerdings noch etwas mehr Wasser hinzufügen.

Zutaten für 12 Brötchen:
250 g Weizenmehl (Typ 405)
50 g Quinoamehl
3 TL Backpulver
250 g Magerquark
1 TL Jodsalz
1 TL Zucker
50 g Pflanzenmargarine

- Weizenmehl, Quinoamehl und Backpulver mischen und alle anderen Zutaten dazugeben. Alles gut verkneten. Wenn der Teig nicht feucht genug ist, fügen Sie ein wenig Wasser hinzu.

- 12 Brötchen formen, auf ein Blech mit Backpapier legen und bei 180 °C 20–25 Minuten backen.
- Die Brötchen noch 5 Minuten im ausgeschalteten Ofen ruhen lassen, dann auf ein Gitter legen und mit Wasser abstreichen, dadurch bekommen sie eine glänzende Farbe.

Nährstoffgehalt
pro Portion:

131 kcal / 550 kJ

5 g Eiweiß
4 g Fett
19 g Kohlenhydrate

Kamut-Dinkel-Brötchen

Dinkelmehl und Kamutmehl ergänzen sich beim Backen sehr gut. Wer es etwas kerniger möchte, kann diese Brötchen auch mit Weizenvollkornmehl backen.

Zutaten für 12 Stück:
300 g Dinkelmehl
100 g Kamutmehl
1 TL Jodsalz
250 ml warmes Wasser
1 Würfel frische Hefe (42 g)
2 TL Zucker
1 EL Öl
Mohn, Sesam, Kümmel oder Sonnenblumenkerne zum Bestreuen

- Dinkelmehl, Kamutmehl und Salz mischen, in eine große Schüssel geben und in die Mitte eine Mulde drücken. Warmes Wasser mit der Hefe und dem Zucker gründlich verrühren, in die Mulde gießen und etwas Mehl darüber streuen. Die Schüssel abgedeckt für etwa 15 Minuten an einen warmen Ort stellen.
- Öl zu dem Vorteig geben und alles gut kneten.

Stellen Sie ein kleines Schälchen mit Wasser in den Backofen, dann wird die Kruste der Brötchen schön knusprig.

- Den Teig ungefähr 15 Minuten zugedeckt an einem warmen Ort gehen lassen.
- Den Backofen auf 240 °C vorheizen.
- Den gegangenen Teig noch einmal kräftig durchkneten.
- Aus dem Teig ca. 12 Brötchen formen, auf ein Backblech mit Backpapier legen und mit Wasser abstreichen.
- Brötchen nach Belieben mit Mohn, Sesam, Kümmel oder Sonnenblumenkernen bestreuen, leicht andrücken und noch einmal ca. 10 Minuten gehen lassen.
- Die Brötchen bei 240 °C 20–25 Minuten backen. Wenn die Brötchen zu schnell dunkel werden, decken Sie sie mit Alufolie ab.
- Die fertigen Brötchen noch etwa 5 Minuten im abgeschalteten Ofen stehen lassen, dann auf ein Gitter legen und leicht mit Wasser abstreichen.

Nährstoffgehalt pro Portion:

134 kcal / 568 kJ

4 g Eiweiß
2 g Fett
25 g Kohlenhydrate

Kuchen und Gebäck

Erdbeertorte mit Amaranth

Dieser Kuchen besteht aus einem wunderbar leichten Biskuit aus Amaranthmehl und wird mit geschlagener Sahne und frischen Erdbeeren belegt. Sie können den Biskuitboden auch mit Kiwi, Pfirsichen oder anderen Früchten belegen.

Zutaten für 12 Stück:
4 Eigelb
80 g Zucker
2 EL heißes Wasser
abgeriebene Schale einer Zitrone (unbehandelt)

4 Eiweiß
160 g Amaranthmehl
2 EL Vanillepuddingpulver
200 ml Schlagsahne (30 % Fett)
1 EL Vanillezucker
500 g Erdbeeren

Bei Verwendung von glutenfreiem Vanillepuddingpulver und frischen Erdbeeren ist dieses Rezept auch für Zöliakie-Patienten geeignet.

- Eigelb, Zucker, heißes Wasser und abgeriebene Zitronenschale schaumig schlagen, bis sich der Zucker aufgelöst hat.
- Eiweiß zu Eischnee schlagen und auf die Eigelbmasse geben.
- Amaranthmehl mit dem Vanillepuddingpulver gut vermischen und über den Eischnee sieben.
- Alles mit einem Teigschaber vorsichtig unterheben, bis ein lockerer Teig entsteht.
- Den Teig in eine mit Backpapier ausgelegte Springform füllen und bei 180 °C 15–20 Minuten backen.
- Biskuitboden auskühlen lassen. Die Sahne mit dem Vanillezucker schlagen und auf dem Boden verteilen.
- Erdbeeren waschen, das Grün entfernen und halbieren. Die Erdbeeren auf der Sahne verteilen.

Nährstoffgehalt
pro Portion:

181 kcal / 759 kJ

5 g Eiweiß
9 g Fett
21 g Kohlenhydrate

Kuchen der Inkas

Dieses traditionelle Rezept ist leicht nachzubacken und bekommt durch die gepoppten Amaranthkörner einen leicht nussigen Geschmack

Zutaten für eine Kastenform von 24 cm Länge (ergibt ca. 10 Stück je 60–70 g):
60 g Butter
110 g Honig
2 Eier
abgeriebene Schale einer unbehandelten Zitrone
125 g gepoppte Amaranthkörner
125 g Dinkelmehl
$1^1/_2$ Päckchen Backpulver
1 Messerspitze Vanille
1 Prise Jodsalz
150 ml fettarme Milch
50 g gehackte Mandeln
Mehl zum Ausstreuen der Form

Wenn Sie echte Bourbon-Vanille nehmen, wird der Vanillegeschmack noch intensiver.

- Zuerst die weiche Butter mit dem Honig schaumig rühren, dann Eier und Zitronenschale dazugeben und unterrühren.
- Gepoppte Amaranthkörner, Dinkelmehl, Backpulver, Vanille und Jodsalz trocken miteinander vermischen und abwechselnd mit der Milch nach und nach unter Rühren dazugeben.
- Zum Schluß die gehackten Mandeln unterheben.
- Eine Kastenform fetten und mit Mehl ausstreuen.
- Im vorgeheizten Backofen bei 180 °C ca. 45 Minuten backen.

Nährstoffgehalt pro Portion:

217 kcal / 908 kJ

6 g Eiweiß
11 g Fett
24 g Kohlenhydrate

Rosinenstuten mit Quinoa

Glutenfrei

Dieser Rosinenstuten schmeckt herrlich zum Frühstück, aber auch nachmittags zum Kaffee.

Zutaten für eine Kastenform von 24 cm Länge
(ergibt ca. 16 Scheiben je 50 g):
300 g glutenfreie Mehlmischung
50 g Quinoamehl
150 g Rosinen
1 EL Sonnenblumenöl
30 g Hefe
1 TL Zucker
500 ml lauwarme Milch

- Glutenfreie Mehlmischung, Quinoamehl und Rosinen gut mischen. Öl dazugeben.
- Die Hefe mit dem Zucker in der lauwarmen Milch auflösen und zu der Mehlmischung geben. Alles mit dem Handrührgerät gut verrühren. Den Teig 10 Minuten quellen lassen.
- Eine Kastenform fetten und den Teig mit einem Teigschaber einfüllen und glattstreichen. Im vorgeheizten Backofen bei 210 °C 60 Minuten backen. Wenn das Brot zu schnell dunkel wird, decken Sie es mit Alufolie ab.
- Das fertige Brot mit etwas Wasser bestreichen und auf einem Gitter auskühlen lassen.

Nährstoffgehalt pro Portion:

125 kcal / 529 kJ

2 g Eiweiß
2 g Fett
25 g Kohlenhydrate

Kamutkuchen mit versunkenen Birnen

Man glaubt kaum, daß dieser Kuchen mit Vollkornmehl gebacken ist, da er wunderbar locker und fruchtig schmeckt. Er ist sehr bekömmlich, und das Kamutmehl verleiht dem Kuchen ein leichtes, mildes Aroma.

Diesen Kuchen kann man ohne weiteres auch schon einen Tag vorher backen, er ist am nächsten Tag noch genauso frisch und lecker.

Zutaten für 12 Stücke:
800 g Birnen
Zitronensaft
150 g Sonnenblumenmargarine
130 g Zucker
1 Päckchen Vanillezucker
3 Eier
300 g feines Kamutmehl
3 TL Backpulver
4 EL Haferflocken
1 EL Kakao
1 TL Zimt
100 g Zartbitterschokolade (gerieben)
125 ml fettarme Milch
1 EL Puderzucker (10 g)

- Birnen schälen, halbieren, mit etwas Zitronensaft beträufeln und abgedeckt zur Seite stellen.
- Für den Rührteig Margarine, Zucker, Vanillezucker und Eier schaumig rühren.
- In einer separaten Schüssel das Kamutmehl, Backpulver, Haferflocken, Kakao, Zimt und Zartbitterschokolade trocken verrühren.
- Die Mehlmischung mit der Milch abwechselnd unter den Teig rühren. Der Teig sollte schwerreißend vom Löffel fallen.

**Nährstoffgehalt
pro Portion:**

338 kcal / 1417 kJ

7 g Eiweiß
16 g Fett
42 g Kohlenhydrate

- Etwa $^2/_3$ des Teiges in eine gefettete Springform geben und die Birnenhälften leicht hineindrücken. Den restlichen Teig locker darüber verteilen.
- Bei 200 °C etwa 60 Minuten auf mittlerer Schiene backen.
- Vor dem Servieren leicht mit Puderzucker bestäuben.

Waffeln aus Amaranth mit Aprikosensauce

Glutenfrei

Zu diesen feinen Waffeln paßt eine Aprikosensauce besonders gut, Sie können aber auch andere Fruchtsorten verwenden.

Zutaten für 4 Personen:
80 g Butter
80 g Zucker
2 große Eier
100 g feines Amaranthmehl
200 g Buchweizenmehl
2 TL Weinstein-Backpulver (glutenfrei)
abgeriebene Schale einer Zitrone (unbehandelt)
350 ml fettarme Milch
250 g frische Aprikosen

- Butter und Zucker schaumig rühren und die Eier nach und nach gut unterrühren.
- Amaranthmehl, Buchweizenmehl, Backpulver und geriebene Zitronenschale mischen und abwechselnd mit der Milch darunterrühren.
- Waffeln in einem leicht gefetteten Waffeleisen bakken und auf einem Gitter abkühlen lassen.

● Die Aprikosen in einem Mixer pürieren und zu den Waffeln reichen.

Nährstoffgehalt pro Portion:

633 kcal / 2658 kJ

16 g Eiweiß
25 g Fett
83 g Kohlenhydrate

Kamut-Apfel-Waffeln

Durch den Apfel werden die Waffeln wunderbar locker. Sie können sie aber auch ohne den Apfel backen.

Zutaten für 4 Personen:
100 g Butter (oder Margarine)
100 g Zucker (oder Honig)
2 Eigelb
250 g Kamutmehl
$1/2$ TL Backpulver
1 Messerspitze Vanille
abgeriebene Schale einer Zitrone (unbehandelt)
$1/4$ l fettarme Milch
1 Apfel (120 g)
2 Eiweiß
1 EL Puderzucker

● Butter und Zucker schaumig rühren und nach und nach die Eigelbe dazugeben.
● Das Kamutmehl mit Backpulver, Vanille und Zitronenschale mischen und abwechselnd mit der Milch unterrühren. Den Teig 10 Minuten quellen lassen.
● Den Apfel schälen, reiben und unter den Teig rühren.
● Das Eiweiß steif schlagen und vorsichtig unterheben.
● Die Waffeln in einem leicht gefetteten Waffeleisen backen und vor dem Servieren mit dem Puderzucker leicht bestäuben.

Nährstoffgehalt pro Portion:

579 kcal / 2427 kJ

13 g Eiweiß
26 g Fett
72 g Kohlenhydrate

Makronen mit gepoppten Amaranth-körnern

Bei Verwendung von glutenfreiem Rohmarzipan ist dieses Rezept auch für Zöliakie-Betroffene geeignet.

Diese Makronen sind schnell zubereitet und lassen sich in einer luftdichten Dose auch länger aufbewahren.

Zutaten für ca. 50 Stück:
20 g gepoppte Amaranthkörner
100 g Zucker
60 g Kokosraspeln
20 g Rohmarzipan
3 kleine Eiweiß

Nährstoffgehalt pro 10 Stück:

170 kcal / 690 kJ

3 g Eiweiß
10 g Fett
30 g Kohlenhydrate

- Gepoppte Amaranthkörner, Zucker und Kokosraspeln vermischen. Marzipan in sehr kleine Würfel schneiden und ebenfalls untermischen.
- Eiweiß zu Eischnee schlagen und unter die anderen Zutaten rühren.
- Aus dem Teig kleine Häufchen auf ein Blech mit Backpapier setzen und bei 175 °C ca. 15 Minuten backen. Eventuell mit Alufolie abdecken, wenn die Makronen zu schnell braun werden.

Quinoamuffins mit Schokolade

Bei Verwendung von glutenfreier Raspelschokolade und glutenfreier Kuvertüre auch für Zöliakie-Betroffene geeignet

Diese Muffins sind schnell und einfach zubereitet. Kinder lieben es, wenn Sie die Törtchen zusätzlich bunt verzieren.

Zutaten für 8 Muffins:
3 Eigelb
75 g Zucker
2 EL heißes Wasser

100 g Quinoamehl
2 gehäufte TL Kakaopulver
50 g geraspelte Schokolade
3 EL gemahlene Walnüsse
3 Eiweiß
Öl zum Auspinseln der Formen
Schokoladenkuvertüre

- Eigelb, Zucker und heißes Wasser schaumig schlagen, bis der Zucker sich aufgelöst hat.
- Quinoamehl, Kakaopulver, geraspelte Schokolade und gemahlene Walnüsse trocken miteinander vermischen.
- Eiweiß steif schlagen und zu der Eigelbmasse geben. Die Mehlmischung darübergeben und alles vorsichtig untermischen.
- 8 Muffinförmchen leicht mit Öl auspinseln und den Teig einfüllen.
- Muffins bei 175 °C 15 Minuten backen, dann auskühlen lassen und mit der Schokoladenkuvertüre überziehen.

Nährstoffgehalt pro Portion:

204 kcal / 857 kJ

6 g Eiweiß
10 g Fett
24 g Kohlenhydrate

Quinoakekse

Diese Kekse schmecken nicht nur zu Weihnachten gut.

Zutaten für ca. 25 Stück:
50 g Quinoamehl
150 g Buchweizenmehl
50 g gemahlene Mandeln
125 g Butter
60 g Zucker

Bei Verwendung von glutenfreier Nuß-Nougat-Creme und Schokoladenkuvertüre auch für Zöliakie-Betroffene geeignet

2 Eier
1 Prise Jodsalz
50 g Nuß-Nougat-Creme
50 g Schokoladenkuvertüre

Nährstoffgehalt
pro Stück:

114 kcal / 476 kJ

2 g Eiweiß
7 g Fett
10 g Kohlenhydrate

- Quinoamehl, Buchweizenmehl und Mandeln mischen, Butter, Zucker, Eier und Salz dazugeben und alles schnell zu einem Mürbeteig verkneten. Den Teig 30 Minuten in den Kühlschrank stellen und ruhen lassen.
- Den gekühlten Teig in Portionen ausrollen und Kreise ausstechen. Auf ein Blech mit Backpapier legen und bei 175 °C 20–25 Minuten backen.
- Die Hälfte der ausgekühlten Kekse mit Nuß-Nougat-Creme bestreichen und dann jeweils auf einen mit Creme bestrichenen Keks einen Keks ohne Creme setzen. So entstehen „Doppelkekse" mit jeweils einer Nuß-Nougat-Schicht in der Mitte. Diese gefüllten Kekse zur Hälfte in die flüssige Kuvertüre eintauchen und auf einem Gitter trocknen lassen.

Pikante Käsestangen mit Kamut

Diese Käsestangen passen sehr gut zu einem kalten Buffet, aber auch als leckere und gesunde Knabberei kann man sie servieren.

Zutaten für ca. 12 Stangen:
$^1/_2$ Würfel frische Hefe (21 g)
200 ml lauwarme fettarme Milch
250 g Weizenvollkornmehl
100 g Kamutmehl

116

1 TL Jodsalz
30 g Sonnenblumenmargarine
70 g geriebener Käse
1 Eigelb
1 EL Milch
3 EL geriebener Käse zum Bestreuen

Sie können als Käse einen würzigen Gouda oder auch einen kräftigen Emmentaler nehmen.

- Die Hefe in der lauwarmen Milch gut verrühren und beiseite stellen.
- Weizenvollkornmehl, Kamutmehl und Salz mischen. Margarine zerlaufen lassen und abkühlen lassen.
- Hefemilch, Mehlmischung, abgekühlte Margarine und geriebenen Käse mit den Knethaken einer Rührmaschine verkneten. Wenn der Teig noch sehr klebt, mit etwas Mehl bestreuen und abgedeckt an einem warmen Ort gehen lassen, bis sich das Teigvolumen verdoppelt hat.
- Nach dem Gehen noch einmal kräftig durchkneten, aus dem Teig ca. 12 Stangen formen und auf ein Blech mit Backpapier legen. Die Stangen noch einmal gehen lassen, bis sie sich sichtbar vergrößert haben.
- Eigelb und Milch miteinander verquirlen, die Stangen abstreichen und mit Käse bestreuen.
- Im vorgeheizten Backofen bei 200 °C ca. 20 Minuten backen, bis der Käse goldbraun ist.

Nährstoffgehalt pro Stück:

149 kcal / 628 kJ

6 g Eiweiß
6 g Fett
19 g Kohlenhydrate

Fertigprodukte

Knackige Müslimischungen fürs Frühstück, leckere Schokoriegel, Kekse, Waffeln und Brote, Nudeln, Bratlinge und andere Fertiggerichte... Auch wer nicht immer Zeit hat, sich selbst etwas zuzubereiten, braucht auf Amaranth, Quinoa und Kamut nicht zu verzichten, denn inzwischen gibt es zahlreiche schmackhafte Fertigprodukte im Handel, die zum Teil speziell auf die Bedürfnisse von Allergikern abgestimmt sind. Sie sind in Reformhäusern und Naturkostläden erhältlich, und einige Firmen schicken die Produkte sogar in kleineren Mengen an Endverbraucher. In diesem Kapitel werden die auf dem Markt erhältlichen Fertigprodukte samt Zutaten und Bezugsquellen beschrieben.

In Reformhäusern und Naturkostgeschäften erhältliche Amaranth-, Quinoa- und Kamut-Produkte

Produkt	Firma	besondere Hinweise

Flocken, Popcorn und sonstige Getreideprodukte

◆ Kamutflocken	Rapunzel	meist auch für Weizenallergiker verträglich
◆ Kamutgrieß	Rapunzel	
◆ Limapops Kamut	Lima	
◆ Kamut Cous-Cous	Lima	
◆ Amaranth-Popcorn	Allos	glutenfrei
◆ Amaranth-Honig-Poppies	Allos	glutenfrei

Zutaten: Amaranth, Bienenhonig

Müslimischungen:

◆ Amaranth-Früchte-Müsli   Allos

Zutaten: Amaranth-Popcorn, Haferflocken, Rosinen, Haselnüsse, Mandeln, Äpfel, Datteln, Aprikosen, Buchweizen, Sesam, Bienenhonig

◆ Amaranth-Schoko-Müsli   Allos

Zutaten: Amaranth-Popcorn, Haferflocken, Haselnüsse, Mandeln, Äpfel, Datteln, Aprikosen, Buchweizen, Sesam, Kakaomasse, Bienenhonig

◆ Schoko-Amaranth-Müsli   Rapunzel

Zutaten: Haferflocken, Schokotropfen, Vollmilchpulver, Kakaobutter, Kakaomasse, Weizenflakes, Weizenpoppies mit Ahornsirup, Amaranth-Popcorn

Produkt	Firma	besondere Hinweise
◆ Amaranth-Tropical-Müsli *Zutaten: Amaranth-Popcorn, Hafer- flocken, Haselnüsse, Mandeln, Ananas, Bananen, Datteln, Cashewkerne, Buch- weizen, Mangos, Sesam, Bienenhonig*	Allos	
◆ Amaranth Knusper-Müsli *Zutaten: Sultaninen (ungeschwe- felt), Zuckerrüben-Ballaststoff, Sonnenblumenkerne, Honig- Mais-Flocken, Haselnüsse, Leinsamen, Amaranth-Popcorn, Apfelstücke (ungeschwefelt), Reis- Flakes, Bananen-Chips*	Sibylle-Diät (nur in neuform- Reformhäusern erhältlich)	glutenfrei

Brote

Produkt	Firma	besondere Hinweise
◆ Bio-Vollwert-Amaranthbrot mit Dinkel *Zutaten: Sauerteig, Amaranth, Dinkel, Sesam, Sonnenblumenkerne, Hefe, Vollmeersalz oder jodiertes Meersalz*	Schnitzer Schnitzer-Brote (in Schnitzer-Part-	weizenfrei, besonders reich an Magnesium, Calcium und Selen
◆ Inka Brot mit Amaranth *Zutaten: Amaranth-Voll- kornmehl, Buchweizen, Natursauerteig, Reis- und Maisvollkornmehl, Sesam, Leinsaat, Soja- schrot, Apfelfaser, Voll- meersalz, Honig (6 Monate haltbar)*	nerbäckereien und Naturkost- läden erhältlich, Informationen bei Schnitzer, Adresse im Anhang)	glutenfrei

Produkt	Firma	besondere Hinweise
Süßigkeiten und Gebäck:		
◆ Amaranth-Vollkornknäcke *Zutaten: Amaranth (25 %), Roggenmehl, Meersalz, Gewürze*	Allos	milcheiweiß- und haselnußfrei
◆ Amaranth-Vollkornkeks *Zutaten: Amaranth, Weizenvollkorn- mehl, Bienenhonig, Vollrohrzucker, ungehärtetes Pflanzenfett, Kokosflocken, Gewürze, Meersalz*	Allos	milcheiweiß- und haselnußfrei
◆ Amigo Schoko-Amaranth-Crisp-Riegel *Zutaten: Amaranth-Popcorn, Hasel- nüsse, Bienenhonig, Zartbitter- schokolade, Bourbon-Vanille*	Allos	glutenfrei
◆ Amaranth-Schokolette „Zartbitter" *Zutaten: Amaranth, Zartbitter- schokolade, Bienenhonig*	Allos	glutenfrei
◆ Amaranth-Schokolette „Vollmilch" *Zutaten: Amaranth, Vollmilch- schokolade, Bienenhonig*	Allos	glutenfrei
◆ Amaranth-Schoko-Nuß-Riegel *Zutaten: Amaranth, Haselnüsse, Honig, Honig-Edel-Zartbitter- Schokolade, Kakao, Bourbon-Vanille*	vitana/neuform	glutenfrei
◆ Amaranth-6-Korn-Müsli-Riegel *Zutaten: Amaranth, Hafer, Weizen, Dinkel, Buchweizen, Sesam, Haselnüsse, Honig, Malzextrakt, getrocknete Aprikosen, Rosinen, getrocknete Äpfel, Birnendicksaft, ungehärtetes Pflanzenfett, Zitronensaft*	vitana/neuform	

Produkt	Firma	besondere Hinweise
◆ Trophy-Schoko-Müsli-Riegel *Zutaten: Amaranth, Schokolade, Hasel- nüsse, Mandeln, Buchweizen, Rosinen, Äpfel, Birnen, Bananen, Aprikosen, Bienenhonig, Blütenpollen, Gelee royal, Bourbon-Vanille*	Allos	glutenfrei
◆ Alegría (traditionelles Konfekt der Andenbevölkerung) *Zutaten: Amaranth, Bienen- honig, Mandeln, Haselnüsse*	Allos	glutenfrei
◆ bio „Mandolina" (Mandel-Ama- ranth-Vanille-Fruchtschnitte *Zutaten: Amaranth, Mandeln, Roh- rohrzucker, Vollmilchpulver, Honig, Oblaten (Weizenmehl, Stärke, Pflanzenöl), Bourbon-Vanille*	Dr. Balke/ neuform	
◆ Reiswaffel mit Amaranth	byodo	glutenfrei
◆ Reiswaffel mit Quinoa	byodo	glutenfrei, natri- umarm (ohne Salz)

Nudeln

◆ Kamut Spaghetti	Rapunzel	
◆ Kamut Hörnchen	Rapunzel	meist auch für
◆ Kamut Tagliatelle	Lima	Weizenallergiker
◆ Kamut Penne	Lima	verträglich
◆ Kamut Spirelli	Lima	
◆ Quinoa-Nudeln „Lunita"	gepa Fair Handels-	aus 20 % Quinoa- und
◆ Quinoa-Nudeln „Caracol"	haus (erhältlich in	80 % Weizenmehl
◆ Quinoa-Nudeln „Caracol Vollkorn"	Dritte-Welt-Läden)	

Produkt	Firma	besondere Hinweise
◆ Bio- & Vollwert Kamut-Amaranth-Nudeln (erhältlich als Bandnudeln oder Muscheln) *Zutaten: Kamut, Amaranth, Wasser* ◆ Bio- & Vollwert Kamut-Lupinen-Nudeln (erhältlich als Fusilli, Rigatoni, Lasagne)	Schnitzer (in Schnitzer-Partnerbäckereien und Naturkostläden erhältlich, Adresse im Anhang)	meist auch für Weizenallergiker verträglich
◆ Dinkel-Amaranth-Nudeln nach italienischer Art *Zutaten: Dinkelgrieß, Amaranth*	Allos	milch- und haselnußfrei

Fertiggerichte:

◆ Amaranth-Gemüsesuppe *Zutaten: Amaranth, Tomaten, Hokkaidokürbis, Zwiebeln, Sellerie, roter Paprika, Meersalz, Miso, Kräuter*	Allos	glutenfrei

Betriebe, die Amaranth-, Quinoa- und Kamut-Produkte an Endverbraucher versenden

Firma	Produkt
Bäckerei Siger Scholderplatz 8 73235 Weilheim Tel. 0 70 23/67 38	◆ 100%iges, sortenreines Kamutbrot (meist auch für Weizenallergiker verträglich)

Firma	Produkt
Hans Bär, Flurstr. 6 91850 Petersaurach Tel. 0 98 72/12 15	◆ Amaranthkörner (glutenfrei) ◆ Amaranth-Vollkornmehl und -flocken (glutenfrei) ◆ Amaranth-Müsli-Vollkornflockenmischung, ◆ Amaranth-Vollkorn-Bratmischung Grünkern ◆ Amaranth-Nudeln (verschiedene Sorten) ◆ Amaranthaufstriche (Apfel mit Rosinen, Apfel süß, Buchweizen, Dinkel Möhre, Dinkel Paprika, Sechskorn, mit Bratwurstgehäck, mit Knoblauch)
Farina Engerstr. 102 32051 Herford Tel. 0 52 21/5 17 55	◆ Brot mit Reis, Buchweizen, Mais, Amaranth und Soja (glutenfrei) in 2 Variationen (mit oder ohne Quark)
Hammermühle Hauptstr. 181 67489 Maikammer Tel. 0 63 21/9 58 90	◆ Inka Brot mit Amaranth (glutenfrei; ein Brot der Firma Schnitzer)
Kulturgut Alte Schmiede Mühlenstr. 6 37194 Wahlsburg Tel. 0 55 72/44 48	◆ Amaranth und Quinoa (gemahlen, glutenfrei) ◆ Inka Amaranth Tofu Pastete (würziger Brotaufstrich) ◆ Amaranth-Popcorn (glutenfrei; Firma Allos)
Mühle Hubmann Minderleinsmühle 1 91077 Neunkirchen Tel. 0 91 26/2 96 10	◆ Hirse-Quinoa-Bratling (glutenfrei; *Zutaten: Hirse, Quinoa, Gemüsebrühe mit Geschmacksverstärker Natriumglutamat, Zwiebeln, Majoran)*

Adressen

Bei folgenden Firmen und Verbänden erhalten Sie nähere Informationen über Amaranth, Quinoa und Kamut sowie Rezeptvorschläge:

Amaranth und Quinoa:

Allos
Walter Lang / Imkerhof GmbH, Zum Streek 5, 49457 Mariendrebber, Tel. 0 54 45/9 89 90, Fax 0 54 45/98 99 14 *(Amaranth)*

Hans Bär
Flurstr. 6, 91850 Petersaurach, Tel. 0 98 72/12 15, Fax 0 98 72/9 34 43 *(Amaranth)*

byodo Naturkost GmbH
Dieselstr. 21, 85748 Garching, Tel. 0 86 31/3 62 90, Fax 0 86 31/36 29 50 *(Amaranth- und Quinoa-Reiswaffeln)*

gepa Fair Handelshaus
gepa mbH, Postfach 26 01 47, 42243 Wuppertal, Tel. 02 02/26 68 30, Fax 02 02/2 66 83 10 *(Quinoa)*

neuform international
Ernst-Litfaß-Str. 16, 19246 Zarrentin, Tel. 03 88 51/5 10, Fax 03 88 51-5 12 99 *(Amaranth, Quinoa)*

Rapunzel Naturkost AG
Haldergasse 9, 87764 Legau, Tel. 0 83 30/91 00, Fax 0 83 30/91 01 88 *(Amaranth, Quinoa, Kamut)*
Schnitzer GmbH & Co. KG

Postfach 14 33, 78106 St. Georgen/Schwarzwald
(Amaranth, Kamut)
Schnitzer-Produkte sind in allen Schnitzer-Partnerbäcke-
reien und vielen Naturkostläden erhältlich. Adressen anfordern unter obiger Anschrift (Abteilung Partnerbäckereien), Tel. 0 77 24/94 32-50 oder -52, Fax 0 77 24/94 32 51

Sibylle-Diät
Hauptstr. 181, 67489 Kirrweiler/Pfalz, Tel. 0 63 21/
95 89 15, Fax 0 63 21/95 89 19 *(Produkte für Allergiker;
Amaranth)*

Kamut Association of Europe
Kerkplein 5, B-9667 Horebeke (Belgien),
Tel. 00 32/55/45 67 34, Fax 00 32/55/45 67 41 *(Kamut)*

IN ÖSTERREICH:
EP Naturprodukte Handelsgesellschaft m. b. H.
A-6300 Itter 300, Tel. 0 53 32/7 56 54, Fax 0 53 32/7 56 56
(Amaranth, Quinoa)

Max Gurtner, El Inka
Loipferding 5, A-5110 Oberndorf, Tel. 0 62 72/70 30,
Fax 0 62 72/7 03 04 *(Amaranth, Quinoa)*

Informationen für Glutenallergiker oder Zöliakie-/Sprue-Betroffene

Deutsche Zöliakie-Gesellschaft e. V., Filderhauptstr. 61,
70599 Stuttgart, Tel. 07 11/45 45 14, Fax 07 11/4 56 78 17

Register

Allergiker *38–41*
Alterungsprozeß *33*
Amaranth *10–11, 12–15,*
   21–34, 35, 58ff.
–, Backen *52–53*
–, Calcium *26–27*
–, Eisen *26*
–, Eiweiß *21–22*
–, Fett *24–25*
–, Kohlenhydrate *25*
–, Lecitin *24*
–, Leucin *24*
–, Lysin *14, 23, 24, 47*
–, Magnesium *27*
–, Mahlen *50–51*
–, Rezepte *58ff.*
–, Riboflavin *48*
–, Vitamin C *25, 48*
–, Vitamin E *25*
–, Zubereitung *45*
Atemwege *33*
Azteken *10–11, 12–13*

Biologische Wertigkeit
   22–23

Chronische Müdigkeit
   33

Darmzotten *39, 40*

Erschöpfung *33*
Essentielle Aminosäuren
   22

Glutenallergie *39–40*

Herpes *34*

Inkas *10–11, 12*

Kamut *18–20, 37–38, 53,*
   58ff.
–, Backen *53*
–, Eiweiß *37*
–, Magnesium *37*
–, Mahlen *53*
–, Rezepte *58ff.*
–, Selen *38*
–, Vitamin E *37*
–, Zink *37*
Keime *47–48*
Kopfschmerzen *33*

Magengeschwür *33*
Magenschleimhautent-
   zündung *33*
Magenübersäuerung *33*
Magnesiummangel
   28–29
Methionin *24*

Migräne *33*

Pito *51–52*
Popcorn *49–50*

Quinoa *10–11, 16–18,*
   34–36, 45–46, 58ff.
–, Backen *52–53*
–, Eisen *35*
–, Eiweiß *34*
–, Fett *35*
–, Kalium *36*
–, Magnesium *35*
–, Mahlen *50–51*
–, Phosphor *36*
–, Rezepte *58ff.*
–, Riboflavin *48*
–, Vitamin C *35, 48*
–, Vitamin E *35*
–, Zink *35*
–, Zubereitung *45–46*

Saponine *36*
Schlafstörungen *33*

Verstopfung *33*

Weizenallergiker *41*

Zöliakie *39–40*